先生、どうか皆の前でほめないで下さい：いい子症候群の若者たち

請不要在大家面前稱讚我

不是不上進，而是太早學會大人的消極，
新世代的「好孩子症候群」

金間大介 著
黃詩婷 譯

序言

雖然有點突然但真是抱歉，假設你現在是個大學生吧。實際上各位讀者當中有人可能真的是大學生，或許也有高中生、國中生甚至小學生，不過這件事情並不是很重要。可能也有人會說「我沒去過大學所以不懂」，但這也不是問題所在。

我希望你想像一下，在偌大的校園當中，你為了聽早上第一堂課，所以進入一間相當寬敞的教室。

暫停一下，此時我想問你一個問題：你現在是否正思考該坐在教室的哪個地方？

請看著圖表０－１想像一下，保險起見我還是稍加說明，大學上課的時候除非是小班制的語言課程或者實際操作類的授課內容，否則要坐哪裡都隨意。

如果你是非常努力用功的人、彷彿從書中走出來的勤勉向學者，肯定會坐在前三排吧。

又或者你是那種私底下悄悄仰慕老師的大學生，為了在上課時間能夠一直觀

0-1 一般大學的空教室

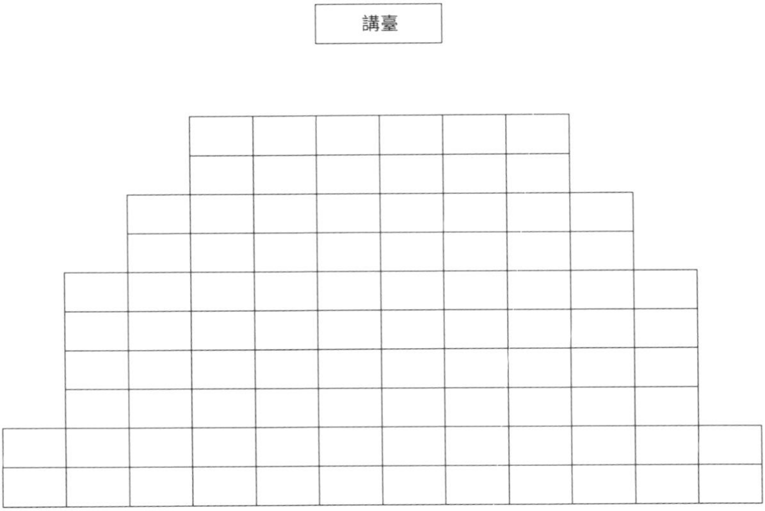

察老師，大概就會坐在最前排的邊角。

不過大部分學生都不是這樣的，他們也許前一天晚上瀏覽社群網站到夜半時分，又或者是去餐飲店打工到三更半夜才能躺上床，所以現在真的非常想睡覺。

其實大部分的學生大學時期都沒好好念書，大學才不是什麼念書的地方，是用來過校園生活的地方。校園生活並不等於努力念書，所以大學不讀書。

即便如此，你還是在第一堂課就來學校了，這根本就值得誇獎，簡直太神了。

會這樣想的你，肯定是坐在教室

後方，或者是左右兩旁最邊邊的地方吧？這樣就算是把手機直接放在筆記本上，講臺上也看不到。

其實也不是多想要每分每秒都在滑手機，可能只是看看朋友上傳的限時動態、也可能一耳塞了耳機看著 YouTube。反正坐在這一帶，隨時都能夠和遲到的朋友會合。

話雖如此，也不是這樣就確定好要坐在哪裡了。我們試著思考一下其他可能性，假設這堂課上沒有你認識的人好了，比方說這門課程是你有興趣但並非本科系的課程，而你選修了這門課。

這種情境是相當有可能發生的，大部分出現這種情況的時候，通常是因為你要補修某堂課。除了你和某幾個人以外，其他人都是學弟妹，在高密度的低年級人口當中感受到超級孤獨。

這樣的情況下，你很難坐在後方的兩邊，因為你知道低年級的朋友團體有坐在那裡的習慣。這麼一想你就只能坐前面一點，也就是稍微靠中間的兩邊了吧，這裡的話，老師的視線不會頻繁飄到自己身上，雖然空調的風會直直吹過來，但也還不算太差。

以上調查全日本大學生意見的結果是圖表0－2。

0-2｜一般大學的座位分布（過去）

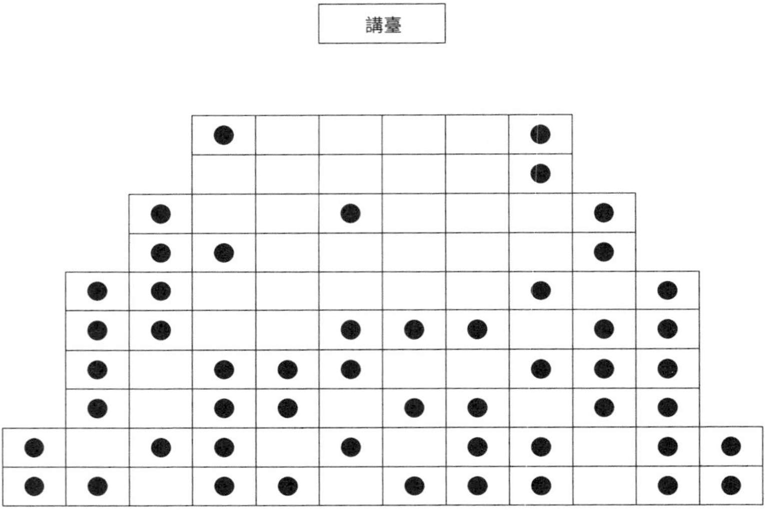

沒錯，我們都看過這種座位分布，自己上課的時候也是這樣。

如果你這樣想，那恐怕你應該已經進社會好一段時間了吧？大概三十來歲，甚至可能更為年長。

其實下一張圖表0－3才是現今大學生典型的座位分布。

看得出來和前一張圖有哪裡不同嗎？為了方便比較，除了教室以外，學生數量（●數量）也是相同的。

沒錯，不同的是學生之間的距離，很明顯變密集了。

在不久之前，或者在我還是學生的時期，通常大家坐下的時候旁邊都

0-3｜一般大學的座位分布（現在）

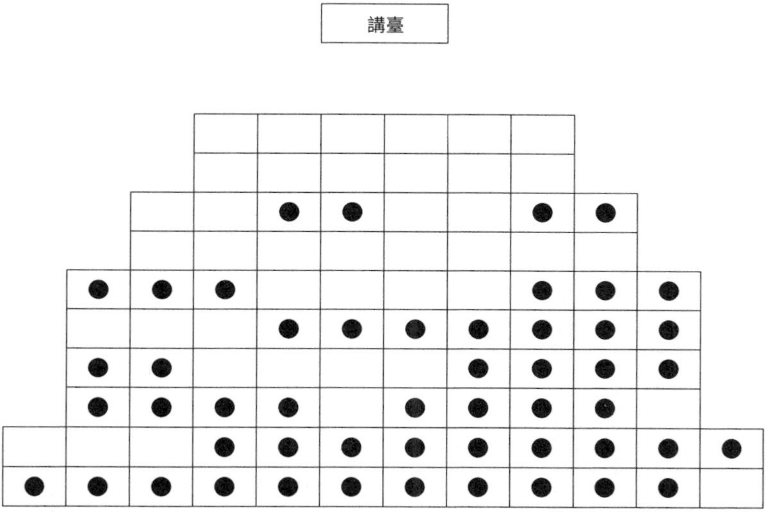

會空一個座位，畢竟會想把包包放在旁邊的椅子上，而且兩個大男人坐在一起也是挺悶的；如果中間只隔一個座位，那隨時想要接觸一下也不是什麼問題。有時候可能會有兩、三個人坐在一起，但若擠到兩邊都被擋住了，實在是令人坐立難安。

但現在不同，如果彼此認知為朋友，那麼大家就會無邊無際相鄰而坐。結果就是，最後一整排都坐滿人的情況並不少見。

從講臺上看下去，這種擠在一起的樣子實在令人不忍。該不會是有其他堂課的老師叫他們這樣坐吧？很認真的學生可能會誤以為那是所有課程共通的規則。

所以貼心的作者就跟大家說了。

這堂課的座位自由，大家可以隨意坐唷。哎呀這邊都還這麼多空位，大家可以坐鬆一點啊。

而且作者溫柔有如神明，所以又說了。

不過現在大家不好移動對吧？雖然還有點早，不過我們先休息十分鐘吧，休息時間內可以隨意移動。

～休息中～

好了，休息結束，座位分布變成如何呢？

直接告訴大家結論，那就是跟休息前沒有出現差異，他們是自己想那樣坐的。也就是說，這種擠在一起的座位對他們來說是最佳位置。

另外，每年觀察學生座位分布的變化（說是這麼說，其實只是因為我每年都有開課而已），無論如何都會感受到另一件事情，就是男女的區隔。

具體來說，男生和男生、女生和女生在一起的傾向越來越強烈。最近的座位分布甚至有將教室一分為二的趨勢，從結果上來說如果一群男生當中有女生的話會非常顯眼。

以上，在大家都充分了解我的溫柔以後，我要問的是，學生們為什麼會偏好那樣的座位分布方式呢？我再重複一次，這對他們來說是最佳位置。這到底是什麼樣的心理狀態呢？

本書主要是解讀時下年輕人（包括大學生在內）心中所懷抱的複雜心理。許久之前就有人說「最近的大學生認真又老實」，也有人說他們「禁不起打擊、纖細、搞不清楚在想什麼」。但隨著時代流轉，年輕人們的內心也逐漸（其實是相當迅速）產生變化，而本書將目前他們的個性定調為「好孩子症候群」，希望能夠讓大家比較容易理解。

在此我向各位讀者承諾兩件事情。

第一件事是本書會盡可能用易懂、有趣和不好笑的笑話來帶動敘述，不過這些再怎麼說都是我以現任動機 × 創新研究者身分撰寫的。

因此書中內容並非單純的經驗或思考實驗的結果（也許會四散著看起來類似這樣的東西），大多數都建立在學術性的問題上。論點建立在證據上這個概念並不只存在於學術界，一般大眾對此也有一定的認知，因此我想以自己的方式慢慢解構這個以數據和邏輯構成的學術世界。

另外關於我的研究成果，在書末有附上清單。如果對於本書或本人的研究有興趣，我推薦可以閱讀《動機的科學——提高知識創造性的方式》（日本創成社，二〇一五年出版）這本書（我懇切希望負責本書的編輯不要刪除這小小的宣傳）。

第二件事就是本書會盡可能以比較滑稽（多少帶點悲觀）的方式來描述現在的年輕人，但從我與他們在校園裡共度的日子來看，也知道有不少盡可能努力想建構明朗未來的年輕人。

我真的從年輕人身上學到很多，強烈感受到如果有必要改變，那麼要改變的不是他們，而是我們大人創造的社會。

另外我在撰寫本書的同時，和我相當尊敬的同事們一起建立了一個新的教育組織「金澤大學融合學域」，目的在於融合文科與理科，培養出能夠領導創新產業的人才。如果對於我的教育活動有興趣，還請務必參考網頁洽詢。

Chapter 3

害怕自己的提議被採用
無法自行做決策的年輕人們

Chapter 4

總是想著「太過突出的話怎麼辦」
多重保險的人際關係

Chapter 5

在求職時也會發作的好孩子症候群

一心追求穩定

Chapter 6

如果有人拜託那還是會去做

對於貢獻社會的扭曲憧憬

Chapter 7

畢竟自己沒有那種能力

對於自己毫無自信的年輕人們

Chapter 8

單純等待指示

年輕人之間流傳的學歷社會與走後門取向

Chapter 9

扯別人後腿的日本人

年輕人們培育出的社會

- 雖然會聆聽他人意見，但不會表達自己的意見
- 不好的事情沒有死到臨頭不會報告
- 不發問
- 害怕上對下的交流、重視同儕氣氛
- 上課或開會的時候會躲在後方消失，化為團體中的一份子
- 就算是線上課程／會議也會讓自己消失，化為團體中的一份子
- 若他人的提問是針對包含自己在內的群體整體，那就不會有反應
- 遵循規則
- 最討厭負責的角色就是領導者
- 自我肯定感低落
- 討厭競爭
- 沒有特別想做的事情

現今的年輕人普遍採取這類行動原則，本書將此心理特徵定義為「好孩子症候群」，年齡大約是大學生到二十五歲之前。

接下來我就會告訴大家，許多關於患有好孩子症候群的年輕人們會發生的

各種情況。

「被盯上了」的新定義

大家聽見「被盯上了」這句話，會認為是什麼意思呢？

在《廣辭苑 第七版》（岩波書店，二〇一八年出版）上面寫著「盯上：因為特別關注而觀察、矚目、值得注意」。

看起來並不會給人什麼不好的感覺，不過一般人通常都使用在負面情境上。

比方說如果你是社會人士，就可能是：

「犯了錯而被盯上。」

「被那個以權威霸凌人的上司盯上。」

這樣的情況吧。

如果是中學生那麼可能是……

A：「先前被老師看到我騎腳踏車雙載。」

B：「啊，你肯定會被盯上。」

這樣的情況吧。簡單來說「被盯上」的語感就是做了壞事（而且被發現），因此成為對方特別注意的對象。

那麼現在的大學生是怎麼使用這個詞彙的呢？

答案如下。

C：「昨天那堂課，我連續兩星期都對老師的問題有回應，可能要被盯上了。」

D：「哇，太慘了。」

大家理解差別所在嗎？簡單來說，在他們的口中是（由社會整體看來）做了好事的時候「被盯上」（各位岩波書店辭典編輯部門人員，還請務必增加《廣辭苑》的使用例文）。

順帶一提，D同學大概會這樣建議C同學：

「哇，太慘了。以後被問到問題，兩次之中有一次不要馬上回答，假裝在思考比較好啦，這樣的話（老師）可能就會等不及，去問下一個人了。」

最討厭的就是○○的課程

以這樣的走向來說，大家請試著回答這個問題：

你認為下列哪種情況是現在的大學生最討厭的課程？

- 規定大家有固定座位
- 總是晚下課
- 內容過於困難（一半的人都被當掉）
- 會點名回答
- 教室空調壞掉（或者太強）
- 聽不懂老師在講什麼
- 成績好的人會被表揚出來
- 早上第一堂課

簡直就是討厭課程排行榜，一眼看過去全部都很煩，我也驚訝竟然能有這麼多討人厭的課程。

其實這個問題我真的有在實習或者專題課程的時候詢問過學生，由於問的方法和時期等條件會因當下情況而有所不同，所以希望大家能明白這方面並不保證學術正當性（簡單來說就是這份資料沒辦法拿來寫論文，真遺憾。不過有

1-1｜大學生選擇的討厭課程排行榜

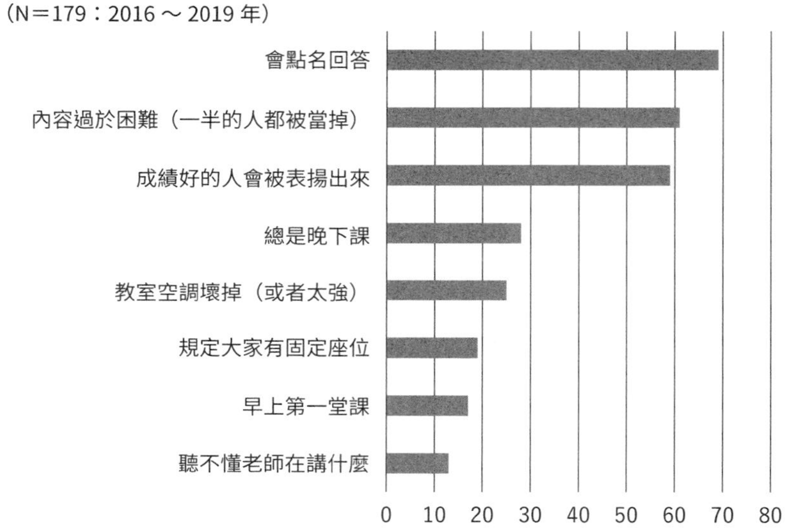

◆ 註：此數據為於多所大學統計的結果。

許多研究者都是這樣，平常就累積許多數據和實驗結果）。

我請回答的大學生把最討厭的三個圈起來，所以計算起來很簡單，結果如圖表1－1。

大家覺得如何呢？你有猜中嗎？

整體來說區分成前三名和後五名，最令人驚訝的是「會點名回答」竟然是討厭課程的第一名吧。我事前預想認為「內容過於困難（一半的人都被當掉）」絕對一馬當先，結果實際上是連同「成績好的人會被表揚出來」在內成為前三。

詢問學生的意見，他們是這麼說的：

「內容困難的話還可以憑自己努力想想辦法，但是被點名的話根本沒有辦法應付，要是被叫到的話下一堂課可能就沒辦法來上課了。」

好像是這樣的。

先前我已經說明了「被盯上」的嶄新意義，和這個排行榜結果放在一起看，大家應該就能夠了解對於現在的大學生來說，在眾人中變得顯眼是多麼嚴重的事情。

順帶一提，最後一名是「聽不懂老師在講什麼」，這可是我們授課者最在意（也最花費準備時間）的事情，但對他們來說居然根本不重要……

早一就早一去上課

抱歉這是我自己認定的，不過我想各位讀者應該都很討厭早一吧（這時候提好像有點晚，不過早一是指大學課程時間的第一個小時，在北海道或西日本好像也會叫一堂）。我想起有個朋友曾說：「對我來說中午以前都是深夜。」

不不不，正在閱讀這本書的社會人士，或許在學生時代本來就會去早上第一堂課程、並且有著積極參與各種行動的習慣，現在手上會拿著這本書（又或者這類型的書）就是證據之一。積極汲取外界知識、將其融入自身當中融會貫通，之後活用這些知識，看來目前在自己的職務上肯定也有很好的表現。

好了安撫讀者就到這邊，話題還是回到早一吧。

我要說的就是如圖表1－1所示，最近的大學生似乎不完全屬於「早一撲滅協會」的會員。以我自己來說，有很長一段時間都負責在早一授課，確實不曾因為是早上第一堂課，出席率就變得很低（至少到最近都沒有這種情況）。詢問學生理由，竟然回答我彷彿教科書上寫的答案：「這樣比較能夠有效利用一整天的時間。」

把這件事情告訴已經在公司行號上班的人，他們肯定都會表示：「唉呀？最近的學生還挺有幹勁的嘛。」

當然，那名學生並不是真的多有幹勁。

會一大清早來學校，並不是因為幹勁或者在意他人眼光，當然也不是因為繳了學費覺得浪費，更不是因為我說「蹺一堂課我就當人」。

那麼為何大家都會乖乖來早上第一堂課呢？答案是「因為課程被規範在早上第一堂」。

啊？心裡冒出疑問的人，想必你的「好孩子症候群學分」相當低，還請透過本書拿到更多學分。

實際上真的就是這個原因。

再仔細一點說明，就是課程規定在早上第一堂，一想到萬一只有自己沒出席，就會覺得非常不安。

要是沒去上課，除了講師以外，甚至可能連在朋友之間都變得非常醒目，搞不好自己沒去的事情還會變成大家的話題。明明自己不在那裡卻可能有人正在討論自己，這令人坐立難安，所以早上還是乖乖起床、走進第一堂課教室，成為眾人之中的一員比較安心。

板書（最近則是投影片居多）好好抄在筆記本上；老師說這邊很重要就要畫線；座位有指定就遵循。

但有不懂的事情不會發問，老師講錯了也不會刻意指正。

這是現今大學生對於一般課程的反應，一言以蔽之就是沒有活力、反應淡薄。不習慣的人（或者相當有幹勁的人）第一次站到講臺上，可能會覺得是對著空氣上課。

如果是匿名就會馬上舉手

那麼要如何才能成為有活力的課程呢？

在老師發問的時候，教室裡四面八方都有人舉手的熱情教室，如今在日本已經成為夢想中的夢想了嗎？

其實有個非常簡單就能實現熱情教室的方法，那就是匿名，這方法比大家想得都還要威猛。

這個秘技大概是這樣的。

最近有很多能夠輕鬆傳送問題或意見的ＡＰＰ，只要活用這些程式，請學生用手機回答課堂上的問題就行了，學生們可以隨便選個暱稱登入，維持匿名性。老師只須把ＡＰＰ的畫面投影在教室的螢幕上，就能讓學生看見其他同學問了些什麼樣的問題。

這樣一來，就會一直有人傳問題或者意見，有時候傳給我的訊息甚至多到我都來不及看。

我再次嚴正聲明，如果口頭發問的話，是絕對不會有人舉手的。就算是大家肯定都會有問題的主題，比方說「針對求職活動是否有擔心的事情？」等等，問了之後教室也只會寂靜得彷彿宇宙空間。

或許會有人想，大家敢提問或許不是因為匿名，而是因為使用手機？畢竟這對學生們來說是最貼近身邊的工具。

並非如此，重要的就是匿名性，也就是「不顯眼」。

「稱讚」是「負荷」

我自認算是比較會誇獎學生的，大家對我的看法應該也是如此。要如何稱讚學生會比較有效，我身為一個動機研究者也相當熟知其中要點，因此（這件事情希望大家不要告訴我的學生就是了）我會特別留心，稍微活用一下自己的相關知識，也就是刻意算計效果（好糟糕的老師）。

但大概在十年前，有學生在課程之後因為一點小事而對我發脾氣，那正是本章的標題「老師，請不要在大家面前稱讚我」。

除此之外還有一些學生，是我在大家面前稱讚他們以後，忽然就不再發言了。這到底是什麼樣的心理狀態？

我自己也重新思考、評估過好幾次，終於比較明白學生們寧可老師不發一語，也不要在人前誇獎他們的理由，這大約和兩種心理狀態有關。

第一種情況是「他們實際的表現與自己自信的差距」。

現在大多數的大學生自我肯定感都非常低，也就是基本上認為自己在能力方面是很糟的。在這種心理狀態下，在人前受人稱讚，對於無能的自己來說是相當大的壓力。也就是說，被稱讚這件事情本身就會成為對自己的「負荷」。

這個「稱讚」＝「負荷」公式，正是好孩子症候群的一大特徵，請務必牢記。

第二種情況就是學生非常害怕自己被稱讚以後，自己的形象在聽見這些稱讚的其他人眼中會產生變化、自己這個存在對他們來說印象會變強烈。

當然被稱讚還是會有點高興的，但這種喜悅簡直比水蚤還小，完全無法將對於「自己變得顯眼」的巨大抗拒感壓下去。

但我姑且還是問了好幾個學生，如果他們在人前被稱讚的話心裡怎麼想，結果他們都說：「只想趕快回家。」

這樣一來，肯定有很多讀者對於稱讚年輕人感到躍躍欲試了吧，我就假設本書讀者都喜歡欺負人（有夠沒禮貌），告訴你不行，你就會想做。告訴你有這種情況，你就會懷疑「這真的有可能嗎？」我非常了解你的心情，但最好還是不要這麼做（過來人的經驗）。

但是他們還是希望受到認可，所以如果不是在人前稱讚他們的話，原則上他們還是會開心接受的（這件事倒是先說啊）。

Chapter

2

請平等對待成功之人與未成功之人

理想的情況是無論何時都要平均分配

可怕的專題選擇（起始）

實在相當抱歉，不過還請你繼續當個大學生看下去。

時間是大學二年級那年的十二月，你的生活是每週上課四天（排課的時候努力空出一天休假）、打工四天（包含週末）、當中還有三天會參加社團活動——大學生活並不如各位想像的（或者是能反覆回憶的）五彩繽紛，其實非常單調。

沒多久就要年底了，而大學的寒假實在很短。這是因為日本的大學和國中或高中不同，學期不會因為寒假而中斷，所以回老家一星期馬上就要回到學校。

以下是根據我的觀察得到的結果，不過那些隸屬於文科學系的大學生，在二年級升上三年級的時候會體驗到相當大的變化。幾乎可以說是三年級的時候才展開真正的大學生活，二年級以前說起來比較像是高中生活的延長。

一、二年級學生的課程，包含語言在內的必修和選修科目都很多，但是升上三年級以後，就會一口氣轉變成以專門科目為主的課程。在二年級以前雖然也會根據以學號編成的班級為主，但可以完全依照自己的意思選擇科目，也就是教室裡的面孔會有相當大的變化。

到了三年級以後就會有專題課程選擇，這對於理科的人來說可能比較難理解，簡單來說就是有點類似研究室分配。一般來說，一個專題課程會有一名教職人員負責；而學生的組成，在國立大學中每個學年大概是七名、私立大學則大約是由十四至二十位學生構成。專題課程的學生會輪流針對特定題目進行調查、研究並發表結果。三年級學生的必修科目減少以後，有很多學生覺得專題小組就是他們在大學的新天地。被分配到哪個專題的決定性因素會因學校或學系而有所不同，但通常都是在二年級最後進行。

前情提要長了點，不過還是請大家稍微體驗一下這個所謂的專題課程分配。最近幾乎所有大學院校都會使用自家的教育用入口網站，通常在專題課程分配上也會運用那個系統。不管是選課登記或者查詢成績都使用同一個網站，對學生來說非常方便，而且也不會受到新冠肺炎流行的影響而變得困難。

假設你去上課的大學，可以從二十個專題課程當中，選擇前三名你想去的課程，那麼你只要在系統上按下課程名稱、送出，就登記完成。

話雖如此，事情可不是這樣就結束了，我甚至認為選擇專題課程是大學生活中的重大活動。每個專題課程受歡迎的程度有高下之分，你想加入的那個專題，或許其他學生也想加入，這樣一來某幾堂課可能會有非常多人登記。

選擇學生的方法並非先搶先贏、也不能用抽籤的，大多數學校會評估學生先前的成績、上課意願、想學習的主題等，然後由負責專題的講師以及其他老師所組成的委員會來決定。

如果所有學生都在理解上述的前提下開始選課，那麼會發生什麼事情？

如果是你，你又會怎麼樣選課？

除了在意朋友會上哪堂課以外，當然還要考慮到專題課程開辦的頻率和時間；如果是三、四年級一起辦的專題，那麼當然也得要留意學長姐們的氣氛。

如果是沒上過他課程的老師，那也得留心老師是什麼樣的人，不然說不定進去後才發現老師很會虐待學生；但要是太過輕鬆、老師不理人，又會覺得很不安。

等等，重要的會不會是男女比例？絕對要避免進了教室才發現全部都是異性，那樣肯定坐立難安，後宮狀態根本就是地獄。

與專題小組一同外宿或旅行感覺也挺開心的，所以積極活動的課程挺不錯；不過視參加者的不同，外宿也可能變成地獄。

雖然早已不是大學生的各位，在腦中展開這些五花八門的妄想，但為了要把大家拉回現實，我還是根據目前大學生普遍的行動規範提出一些選項，讓事情簡單一點吧。

現實中的學生選課大致上分為以下四類，再次請各位思考一下，你自己比較接近哪個選項。

①想上的課就是想上，跟其他人沒有關係。就依照自己想加入的課程志願順序填上第一、第二、第三。

②將最想參加的專題放在第一志願，第二、第三就選不怎麼受歡迎（反正人數是固定的）的課程。

③準備好幾個專題課程候補，從裡面選出可能是最受歡迎以及第二受歡迎的，把那兩者排除以後再填。

④一開始就把那些特別受歡迎的課程排除，從剩下的課程中選擇大概不會有問題的選項。

以下解說不同選項的心理狀態。

①那種個人興趣優先型，大致上也分為兩種。首先是對自己、還有自己的成績相當有自信的類型，先前應該也是帶有某種程度的自信，然後一路這樣選擇過來的。另外一類是根本沒有想太多，反正是有興趣，就懶得深思了，心裡

想的是船到橋頭自然直。

②的積極保險型不如①那種人有自信，但還是不想在一開始就扭曲自己的想法，也可以說是重視平衡型。一方面想著要是能去最想上的課就好了，另一方面又忍不住想像「要是落選了怎麼辦」。所以會說服自己不要有那麼強烈的期待，同時再幫自己加點保險。

③的消極保險型乍看之下和②很像，不同的是他們比②還要沒自信，而且比②更加在意周遭的狀況。相較於自己想要的，迴避會產生風險的情況更為重要，可以說是在權力關係下工作的人。

④的競爭迴避型也大致上分為兩種。一種是對於自己完全沒有自信的類型，尤其是若該大學「選課必須要經過專題負責講師面試」的話，他是絕對不會接近熱門專題的，因為他覺得自己肯定會落選。第二種則是對於念書或者念大學本身就沒有興趣的人，選擇的目標也就是可以簡單拿到學分、課程比較輕鬆的專題。

可怕的專題選擇（結束）

這個思考實驗是我結合了幾個大學的選課機制創作出來的，但很遺憾完全沒有實際測試後的完整資料。因此這是根據我的經驗和研究結果所推測出的數據，關於目前大學生選擇專題的方式，結果整理之後大概比例如下。

①：②：③：④＝5：20：40：35（單位：%）

如大家所見，③與④占了大多數。在我周遭較有活力的學生比例還挺高的，所以我推測的結果多少會受到一點影響，實際上④可能還要更多一點。

將自己最想上的課擺在優先選擇的①和②加起來也只有整體的四分之一。

現在說好像有點晚，不過還是要講清楚，其實在開始選課到結束以前，哪門課程有多少人選擇，隨時都可以在教育用入口網站看到實際數字（但是不會顯示選課的學生名字）。另外在選課期間可以不斷更改想要選的課程。就我所知，有許多大學都使用這樣的系統。

這樣一來會發生什麼事？

感覺上來說應該是分為趕快選完的學生，和一直觀望到最後的學生。

但實際上大多數學生都是趕快選完就算了（不過還是會觀察選課狀況），就連②和③這類會在意周遭動向的學生也都會趕快先選想要的課程，藉此牽制晚選課的學生。

結果就是選課人數會很自然分配，完全沒有出現特定課程超出招收人數五倍等異常狀況，就算是特別受歡迎的課大概也只有原訂的兩倍人數。有時候甚至本來應該是第三受歡迎的專題，居然成為最多人選的課程。這就跟大學考試的時候，東京大學不會是最多人選擇的學校一樣。

每次看到這種狀況，我就感受到現在的學生應該是從十幾歲起就一直在做這種自主性調整，因為調整過頭，結果變成「也還好」是最受歡迎的。

像這樣在「強烈意識到他人」的前提下採取行動的源頭，就是目前大學生共通的獨特「並列主義」。本章將談論對於現在的大學生來說，他們是有多麼討厭又忌諱與他人產生差異，而這樣的心理是來自於強烈的平等意識。

日本人心中最為公正的資源分配方式

在此出個問題給大家，我個人相當喜歡這個問題，經常活用它。

以下有四個選項，你認為哪個是最公正的資源分配方式？

①平均分配
②依必要性分配
③根據成果來分配
④依據努力程度進行分配

我稍微幫選項附上一些解說。

①「平均分配」如其名所示，就是完全無視年齡、性別、個別能力等個人差異，完全平均分配資源。這也可以說是最簡單又好懂的分配方式吧。

但是像這樣平均分配的時候，肯定會出現想要更多的人，也會有不少表示「自己根本不需要」的人。就算說要把蘋果分給大家，分給討厭蘋果的人還是很浪費，遇上這種情況，應該不會有人覺得平均分配是最適合整個族群的。

所以就有了②「依必要性分配」，這個方式是根據個人需求來變化配給量，藉此符合更多人的需求。現實當中也有這樣的例子，比方說工作上基礎薪水相同的人，如果需要扶養的家人比較多就會稍微分多一些給他[1]。若說這是公正方法之一，持反對意見的人應該不多。

接下來是③「根據成果來分配」，這樣的分配方法相當現實，同時也是使大家意見更加分歧的選項。③這種分配方法就是所謂的成果主義，由於成果較好的人犧牲了比較多的勞力以及費用，所以認為配給的資源也應該有著同等比例。

②「依必要性分配」的方案雖然乍看之下非常公平，但有個前提，就是領受配給的對象必須要做出等量或是同等品質的工作才行。假設不需要扶養家人的A明明對組織的貢獻比B多，但B只因為須扶養的家人比較多這個理由就領了比較多錢，那麼這樣A的工作動機會產生怎樣的變化呢？

也因為這樣，就出現了②與③論述打架的案例。有人會說給予那些需要的程度較高、或者比較貧困的人較多資源才是人道的做法；然而，「不應該看必要性，而是根據成果或貢獻度來給予報酬，否則人和組織都不會成長」這樣的論點也相當有說服力。

而可能權衡此情況的選項就是④「依據努力程度進行分配」，如名稱所述，這是根據個人努力量來決定分配量，經常拿來與③「根據成果來分配」做比較。由於實際成果經常受到與生俱來的才能以及教育環境的影響，因此若是③這個方法，那麼天賦不足或處在不佳環境中的人永遠都只能拿低報酬。而另一方面，

1 在日本是扶養補助，臺灣則是在報稅時有扶養扣除額。

努力則與天賦或環境不同，是百分之百能夠由自己控制的指標，因此被認為是公平公正的方式。

好了，前情提要長了點，再次請問各位讀者，你們支持哪個方法？另外，你們覺得哪個是最多人支持的方法？

以下是實際使用問卷調查出來的結果，其中最妙的是，這個調查在統計的時候把男女分開了（引用現代日本社會階層相關全國調查研究：ＳＳＭ調查研究會編著《一九九五年ＳＳＭ調查系列》（一九九八年出版），以及佐藤俊樹《不平等社會日本——再會啦中產階級》（中公新書，二〇〇〇年出版）。

結果如下。

①平均分配：男性5.2%、女性7.5%
②依必要性分配：男性9.8%、女性9.1%
③根據成果來分配：男性30.4%、女性16.6%
④依據努力程度進行分配：男性51.2%、女性62.2%

各位覺得如何呢？結果是④「依據努力程度進行分配」得到半數以上的支

持。尤其是女性特別支持這個方式，比例相當高；而偏向成果主義的③「根據成果來分配」的男性支持者也很多。

現在大學生心中最爲公正的資源分配方式

這主題和數據相當值得玩味，當然還有後續討論，應該說接下來才是正題。其實我也針對大學生取得了相關數據，這是我在二〇一八年十二月到二〇二〇年十一月這段時間，多次訪問、收集來的資料（調查對象：多所大學的二到四年級學生及研究所一年級學生，共兩百一十一名）。

結果如下。

①平均分配：男性49.0%、女性53.2%
②依必要性分配：男性5.9%、女性5.5%
③根據成果來分配：男性19.6%、女性16.5%
④依據努力程度進行分配：男性25.5%、女性24.8%

說實話，我看到這個結果真是非常驚訝（明明就已經先做了心理準備）。就連經年研究年輕人動機的我都這麼驚訝了，大家就知道這有多怪異了吧，值得質疑的地方多到令人不知該從何問起。

首先這跟前面我介紹的日本人整體結果大不相同，這點應該是一目了然，其中最顯眼的就是①「平均分配」的比例之高。也就是說，現在的大學生有過半都認為單純的平均分配是最公正的。現在的年輕人中，已經有越來越多人都認為，無論有再多理由，改變資源分配量這件事情還是很奇怪。

也因此剩下的三個選項票數就減少很多。

需要大家特別注意的重點有兩個。再次強調，前一節的調查結果，針對的是所有世代，而且調查時期是一九九〇年代，這些是和我所調查的數據不同之處。而在全世代調查中票數較少的②「依必要性分配」，在年輕人當中比例變得更低了，這是重點一。

「依必要性分配」這個方案如前所述，是不看成果或努力程度，盡可能將資源分配給當下需要之人的做法。雖然每個人的說法不太一樣，不過基本上來說就是把錢分給那些生活最為困難的人，也因此可以算是最有人情味的分配方式。而現在的大學生大多不選擇這個方法。

重點二就是④「依據努力程度進行分配」票數暴跌。看前一節的調查結果就可以明白，選擇④（而非③「依成果分配」）應該是最符合日本人的想法，也是最多人心中的理想方式吧？但是在大學生之中，選擇此項的比例卻少了一半。

那麼國外的年輕人也不喜歡依據努力程度分配嗎？比方說美國可能更加理性，支持以成果分配的比例比較高？

因此我拜託以前留學時在美國認識的大學朋友，請他詢問學生一樣的問題。他在線上的管理課程中問了這個問題，並且請學生當場回答。

結果如下（調查對象：大學一到三年級學生共六十九名，不過美國大學生的年齡層並不如日本那樣一致）。

①平均分配：1.4%
②依必要性分配：29.0%
③根據成果來分配：56.5%
④依據努力程度進行分配：13.0%

很遺憾的因為樣本數較少，所以無法分析男女比例，不過各位應該也是一眼就能明白美國人和日本人有何不同，令人玩味的就是數據集中的選項。

首先是①「平均分配」實在是少到不行，實際上在這次調查中就只有一個人支持這個選項，那個人在美國社會當中想必是相當突出吧（搞不好他是日本人）。

而最多的就是③「依成果分配」，這實在是很美國風格。當然選④「依努力程度分配」的人如此少，這點也是充滿美國風情，讓我笑了出來。

而最令我感到「啊？」的是②「依必要性分配」，雖然比例上並不是相當突出，但是請大家把這個數字再和日本學生的數字比較一次（有沒有覺得「啊？」了啊？）。看來對美國人來說，將資源分配給需要之人的精神還是相當堅定的。關於這點我會在第九章關於「搭便車理論」的脈絡中，再次比較日美差異，還請期待。

看到這樣的結果不禁覺得，未來應該會有更多優秀人才因為討厭日本而前往美國吧。因為無論過程多麼努力、提升成果，都只能得到平均分配的東西，就連我（雖然不是多優秀的人才）也常會感受到離開日本的衝動。

爲何年輕人討厭競爭

本章主題來自於「終極平等主義」，而將這種想法化為現實的象徵就是完全一致的平均分配。

我想再提供一個相關話題，那就是「競爭」。

直接告訴大家結論，現在的年輕人非常討厭競爭。

他們的念頭通常是「現在連跑步比賽都沒有在排名的」[2]，類似的想法根深柢固在他們心中，這並不單純只是寬鬆教育的理論。

從前，我以企業中從事研究開發的人為研究對象，觀察上司與下屬的動機代溝。通常上司認為「只要這樣做（只要這樣說）就能夠激勵部下士氣」的事情，下屬都完全沒有興趣，甚至可能成為他們退避三舍的原因。這個差異就稱為動機代溝，而我則研究為什麼會產生這樣的問題。

詳細的結果我已經以論文的形式發表，也節錄在拙作《動機的科學》當中，

2 詳細見第四章，會提到日本在某段時間的課綱（也就是寬鬆教育）中，將校園中的賽跑賽制修正為沒有名次區分。

還請參照該書。

研究中有提到「社長獎」這類公司內部表彰制度，其實也是拉大動機代溝的原因之一。職位低於社長的管理階層深切相信，如果設立○○獎的話就會使大家萌生競爭意識，能夠活化公司內部。

另一方面，員工們則有「這種事情根本提升不了動機，反而因為覺得自己被公司帶著走，讓人意興闌珊」的強烈想法。

然而繼續研究下去，就會發現更令人玩味的事情。也就是連拿到○○獎的員工本人，長期下來也無法提升幹勁，甚至還可能下降得越來越明顯（請各位再次回想本書標題）。

理由就是年輕人對於平等的渴望越來越強烈，若只有自己拿到某個東西，反而會感到相當異常。對於認定最公平公正分配方法是平均分配的年輕人來說，被強迫與他人出現差距會令他們坐立難安，受到他人注目對他們來說完全是扣分。因此事情開始產生競爭性的時候，他們就不會試圖接近了；就算被強迫參與競爭，也絕對不會拿出全力，他們只會觀望周遭，然後盡可能拿到平均分數。

就算只是跟大家一起去吃東西，這樣的傾向也會頻繁出現。

大多數大學生都不太會應付桌菜，因為無論如何都很難平均分配。

要是在好市多（Costco）買了超大提拉米蘇蛋糕，實在是相當糟糕，如果還要分給十一個人就更恐怖了。肯定是沒有人會主動動手切蛋糕，最後被迫要去負責切蛋糕的人，只能跟「如何平均分成十一人份」的難題奮鬥。

大家可能已經忘記了，我再提一次理由，對於有好孩子症候群的年輕人來說，他們相當不能接受大家有差異，對於「只有自己得到某些利益」的狀態簡直到了過敏的程度。

而且要把圓形均分為十一等份，雖然那些拿到小塊蛋糕的人也有點可憐（即使那個人完全不在意），但對他們來說更重要的是，拿到比較大塊的人肯定會非常尷尬。

所以這種時候，我會這樣跟他們說：

「老師比較偉大所以要吃兩人份喔。」

唉呀，那就分成十二份，然後給老師兩片就可以啦！老師真是上帝（喔對了，提拉米蘇是蛋糕之王，我就是蛋糕之王啦）!!

在此強調三點。

第一點：如同前面的數據顯示，依成果分配和依努力程度分配各自約占了

15～25%的人。如果是直接看成果的社長獎，那麼認為成果分配公正的年輕人應該還是會支持；而支持依努力程度分配的人，如果有「努力獎」的話，他們應該也會認同。

第二點：平均分配支持者的手機裡面，有很大的機率裝了抽籤程式，理由我想大家也能猜出來了。

第三點：這類好孩子症候群的年輕人的樣貌，與動漫畫（尤其是《週刊少年JUMP》系統）的主角會直率表現出自己欲求的樣子，是完全兩極化的對比。

大多數年輕人會支持這類動漫畫的理由，可以說是因為對於在現實世界無法表達自我主張的一種反彈。同時，最近的動漫作品還有個重點是「只有好人的角色」。這在電視劇或者電影當中也是共通的，以前的故事裡一定會有徹底欺負主角們的那種角色，然而現在有許多年輕人認為「不需要那種角色，那樣令人很不安」。

就算受惠也不會回報

本章的最後，再告訴大家一個加強大家印象的常見現象。

在大學任教之後，就比較常遇到需要站著吃東西的聚餐，通常這都是學會或者企業的交流會議，也有不少學生參加，當然也會請他們幫忙準備工作。

雖然偶爾會有食物被吃完的情況，不過大部分時候社會人士們只會單手拿著飲料讓氣氛活絡，最後剩下大量餐點。這種時候司儀會說：「雖然大家正酒酣耳熱，不過也差不多該結束了。」之後就會有人說：「好！來幫忙的同學們，可以吃那些餐點喔！」

於是學生們就會開心的說「真的嗎？」「太棒啦！」

才怪，這根本不會發生。

喊著「好！來幫忙的同學們！」的人（通常都是有點年紀的社會人士），大概是覺得會看到貪婪享用免費餐點的學生吧。

為何結果不如他的想像呢？

第一點，他們不餓。若覺得當今所有年輕人都一直餓呼呼的，那可就是大錯特錯。

另外就是，年輕人認為遵從自己意志來滿足自己的欲望，是件相當可恥的事情，那種羞愧感可不是一餐免費食物就能夠抹去的。

最後就是，年輕人會認為被施捨東西的行為，肯定是背後有什麼陰謀。比方說吃完之後，可能就會聽見「好！那剛才吃了東西的學生要留到最後收拾東西喔！」之類的。

無論是以上哪個理由，總之餐點就是會剩下來。包含我在內的昭和年代人士總覺得這樣會遭天譴、實在太過浪費（幸好令和時代的學生也會這樣想，讓我稍微鬆口氣）。所以就會有人（通常是比較年輕的社會人士）說：「各位同學，請你們享用吧。我們會準備容器，你們可以把東西帶走。」

最後再補上一句：「食物剩下來的話，下次舉辦的預算會被砍掉，請幫幫我們。」

這麼一來，幾乎所有學生都會動起來。這和「好！各位同學！」的例子有何不同，大家能夠明白嗎？

也就是這個行動是根據「誰的意志」所發起的，這件事情對於年輕人來說非常重要。如果是依照自己的意志來滿足自己的欲望實在相當可恥，更何況是被人施了恩惠，這樣的狀態會讓他們相當不安。

現在的大學生，就算受惠也不會回報，別說是加倍奉還了，恐怕連一半都不會回報，說到底他們根本不會讓自己進入受惠的狀態。若只是因為施惠者想要這麼做而收到好處，這樣的話自己就不需要羞愧，也可以賣對方一個面子。

這甚至可以說是社會貢獻，所以他們只是對於「請幫幫我們」這句話有所回應。

好孩子症候群的年輕人們，相當擅長於別人提出的「請幫我做」這件事情，這點後面會再詳談。

Chapter

3

害怕自己的提議被採用

無法自行做決策的年輕人們

一個女大學生的故事

這裡向大家介紹從讀者（就叫她靜香吧）那裡收到的一封信。

我是在東京上大學的二年級學生。

包含我在內，有平時感情很好、在校園裡總是在一起的四個人，但最近因為發現一件事情所以有點煩惱。

如果不是四個人在一起，那麼就會因為成員不同而變得氣氛不太一樣。具體來說，四個人當中某個人（就叫她聖子好了）在不在，會讓我們的行動變得完全不一樣。

聖子在的時候就很開心，一整天都覺得很輕鬆，放學以後大家也常一起去逛逛再回家。

但若是聖子不在，那天就會變得有些沉悶，總覺得空氣相當沉重。如果她不在的話，我們都會直接回家。

這件事情其他人似乎也隱約發現了，最近甚至會在聖子沒有來學校的那天，事先就安排好放學後的打工。這樣一來就能當成提早離開的藉口，大家都比較輕鬆。

我自己有點想要改變這樣的氣氛，您覺得我應該怎麼辦呢？

接下來升上三年級之後，因為專業科目增加，大家的課表也會變得比較分散，畢竟要修的課程也會減少，我覺得很不安。

如果是各位，會怎麼建議靜香呢？

畢竟機會難得，也算是幫助大家思考，所以我提供幾個選項。在這些選項中，哪一個比較接近你的回答呢（機會難得，請大家用我現在所在地的金澤方言來回答）？

①得想想辦法吧，這樣的話，就趁聖子不在的時候鼓起勇氣提點什麼？

②唉呀不用那麼在意吧，實際上現在不是很順利嗎？

③我懂這種情況，應該說我現在也陷入這種狀況。

以上回答包含了相當乾脆的①以及不乾不脆的③。我預想的結果應該是

①：②：③＝2：4：4左右吧。

如果你認為自己的想法比較接近①，那麼應該一直很難體會本書的主張，大概也沒辦法馬上理解好孩子症候群的年輕人是怎麼回事。那麼您可以就讀到此處，放下這本書，拿給別人也沒問題。

另一方面，如果你的回答比較接近③，那麼你已經略有好孩子症候群發作的可能性，尤其是相當贊同靜香行動和心情的人，肯定是好孩子症候群患者。接下來還會提到很多你心中頗有同感的事情，還請不要想得太嚴重、放鬆點就好。

本章的主題是年輕人們的「決心」及「提議」。尤其是跟他人有關的時候，好孩子症候群的年輕人們真的是半件事情都無法決定，因此更不可能自己提出任何建議。以這位女學生的例子來說，就是聖子以外的三個人都是「無法自己決定事情的年輕人們」。

一個棒球社的故事

本章想再向大家介紹另一個案例，這是某所國中裡相當厲害的棒球社的事情。順帶一提，這真的是我最近聽說的事件（靜香和聖子是我的創作，抱歉了）。

就在大家鍛鍊體力的二月某天，教練告訴大家，為了讓明星投手專心治療舊傷，所以春季和夏季的大賽不會讓他上場，同時也告訴大家要在社團裡招募新的投手。

結果公開招募後，一星期內只有一個人報名。

他在少年聯盟當中也擔任投手，而且這件事情眾所周知。

為什麼會有這種結果？

對於棒球男孩來說，明星球員或者四號位（二壘手）都是相當簡單好懂的英雄、是他們憧憬的對象，而且他們都還是國中生，應該會有很多人報名才對。一旦確定位置以後，就很難再有大幅度調整，我想打棒球的人都明白這一點，所以這可能是最後一次機會了，然而報名的卻只有一個人，這是為什麼呢？

這個案例也關係著無法自己決定、無法自己提議的問題。

社員們幾乎都會觀察其他社員是怎麼想的，然後依循他觀察到的結果做出行動。這些互相觀察的社員們內心大概是這樣的：

「要自己報名也太害羞了吧。」

「反正那傢伙應該會上吧，總覺得大家都是這麼想的。」

「教練到底是什麼意思啊？早點跟我們說答案就好啦。」

若讀者你是林修[3]加上松岡修造[4]除以二那種人，大概會想對他們說：「你真的是想打棒球才打的嗎！現在不做更待何時！問問你的內心！」

我必須先聲明，絕對不能那樣說，事情有非常大的機率不會照你想的方向走。

決定事情最爲可怕

我再說一次，好孩子症候群的年輕人們非常不擅長自己決定事情。尤其是那件事與他人相關的時候，要自己下決定對他們來說實在非常可怕，更別說是要他們提出任何建議了。

以靜香的例子來看，就明顯表現出這樣的心理作用。除了聖子以外的三個人其實並非互相討厭，甚至應該還覺得彼此對自己來說都是相當重要的人，但

3 日本補習班教師，二〇一三年因在學校廣告中的一句臺詞「何時開始做？就是現在吧！」（いつやるか？今でしょ！）而爆紅。

4 日本男子網球員，以熱血的人格特質聞名於體育界與演藝界。

是因為沒有人能下決定、也沒有人能提出建議，所以唯一能決定事情的聖子不在，大家就會很尷尬。嚴重的話，甚至沒辦法開口問「要做什麼？」就連開口發問都會引起大家緊張。

如果你現在覺得困惑，那麼大概會是以下兩種想法：

- 為什麼覺得要自己決定事情或者提出建議很可怕？恐懼的根源是什麼？
- 就算是年輕人，一定會遇到實際上必須要做出決定的某個瞬間。那種時候該怎麼辦？

接下來我們就來面對這兩個疑問。

對於好孩子症候群來說，決定事物的方法分為以下三種。在我的觀察中幾乎沒有例外，通常都是三者之一又或者是複合三種方法，不管是靜香還是棒球社的例子都是這樣。

- 請別人幫忙決定
- 依循先前的範例

• 大家一起決定

讓我們按照順序來看。

爸媽幫自己決定的話，就能好好努力

在我的動機研究當中，有個頻繁使用的理論，是愛德華・L・德西（Edward L. Deci）的「自我決定理論」。

人會想要起身行動這種心態，是從內心湧出的？還是外界給予的呢？德西等人持續從這個觀點進行研究，將行為的動機根源整理為「內在報酬↓內發性動機」和「外在報酬↓外發性動機」兩種心理性報酬體系。這個說法可能有點模糊，不過在直覺上相當容易理解。

德西等人認為內發性動機能夠發揮的主要因素是「自律性」、「能力感」、「關係性」三項，其中他們又主張自律性乃是最核心的一點。

詳細我就不多說了，理解越多就越覺得德西的理論相當有道理，不過我還是很在意其中一點，就是德西以「人皆希望自律」做為前提。

人類會不會其實不太想要自己下決定呢？日常生活中我常有這樣的感受，尤其是在他人給予某些影響的時候。日本人就連「今天晚餐怎麼辦？」「週末要幹嘛？」這種非常簡單的事情，都有著強烈迴避說出自己想法的傾向。就我所知，現在的年輕人這樣的傾向更為顯著。

下面我再介紹一個能夠做為佐證的資料。

我引用的是在「避免自行決定」論述上特別有趣的希娜・艾恩嘉（Sheena Iyengar）著作《誰在操縱你的選擇：為什麼我選的常常不是我要的？》（*The art of choosing*）。

艾恩嘉等人針對舊金山的七至九歲亞洲血統及歐洲血統小學生進行實驗，由於我是精簡解說相當複雜的實驗，還請大家稍微忍耐著看一下。

首先讓孩子們挑戰一個遊戲，是將隨機排列的字母組合出單字。這時候艾恩嘉等人將孩子們分為三組，第一組可以自己選擇想做哪道題目，第二組由艾恩嘉等實驗者選擇問題，第三組則是由每個孩子的母親將自己的選擇告知孩子。

但實際上第二組和第三組所選擇的題目，其實就是第一組選出來的。這樣一來所有組別都會挑戰相同的題目，相異之處只在於孩子們對於「是誰選擇了問題」的認知。

結果顯示三個群組的孩子都有著一樣高的正確率，但接下來才是真正的實驗。艾恩嘉等人在遊戲結束後把孩子們留在那個剛才挑戰問題的環境中，接著宣布進入休息時間，而他們在外面偷偷記錄孩子們接下來會願意花多少時間來解答其他題目。

雖然是相當費事的實驗，但這樣能夠單純將孩子們針對解題的內發性動機強烈度替換成「自由時間的使用方式」這個代理變數，且可為肉眼所見。我再重複一次，不同之處只有孩子們對於「是誰決定的」這件事情的認知。

結果如圖表3－1所示。

歐洲血統的孩子們，由自己選擇問題的組別會花最長的時間繼續挑戰問題。而由實驗者選擇並告知題目的組別，以及那些由母親告知選擇的組別，花費的時間則差不多。

另一方面，亞洲血統的孩子們，是由母親告知選擇的組別花費最長時間來解答問題。接著是由自己選擇的組別，最後才是由實驗者選擇問題的組別。

親愛的德西教授，「內發性動機中自律性最強」的論點有所動搖啊！

為何包含日本在內的亞洲圈，反而對於「知道是母親決定的事情」有更大

3-1 | 課題選擇者的認知與內發性動機強度的關係

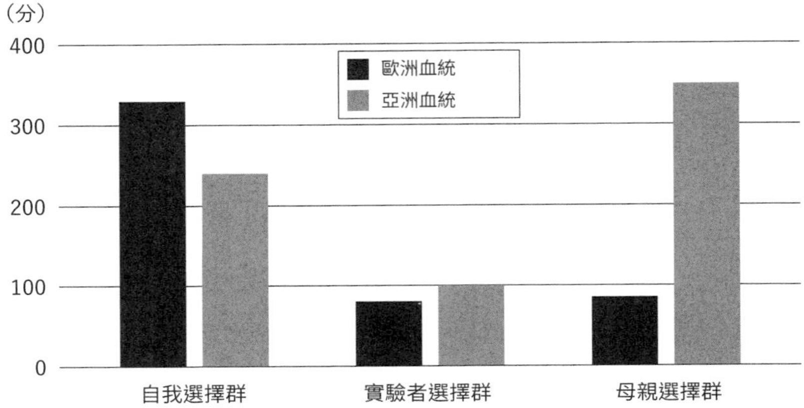

◆ 引用自：Iyengar and Lepper, 1999。

的執行意願呢？包含我在內的專家們，都無法在科學上引導出一個合理的論點。

艾恩嘉主張，若為自己或他人帶來不良的影響，人類就會後悔自己的選擇，並且因此產生心理作用想要避開決策。只要想到因為選擇了某件事情而可能發生什麼不好的結果，就會產生「不想要自己決定、由別人來決定比較輕鬆」這樣的心理作用。就文化上而言，在亞洲圈中造成這樣情緒的可能性比較強烈。

這種心理作用並非只出現在孩童身上，成人也會發生。最典型的就是大學生選擇就職公司的情況，真的很多學生不願意自己決定。

若是求職這類的人生關鍵路口還能理解，但本書中提到的對象甚至連日常生活的選擇都難以做出決定，好孩子症候群的年輕人就連「今天出去吃午餐吧」都說不出口，即使對方是朋友也沒辦法。如果說得出口，那通常是例行公事（因為是例行公事，所以並非自己的提議）。

以前我曾經和國小及國中的老師們討論過這個問題，最多人提出的理由就是：或許是因為他們沒有自信？

單以數據看來，日本的孩子們確實明顯沒有自信（下頁圖表3－2），和其他國家相比非常顯著，他們認為自己是糟糕的人、沒有價值、不喜歡現在的自己。這樣一來，害怕自己決定事情也是情有可原。

沒有自信、膽小，這將是第七章的主題，還請大家記得。

3-2 | 高中生的自我肯定感相關調查結果

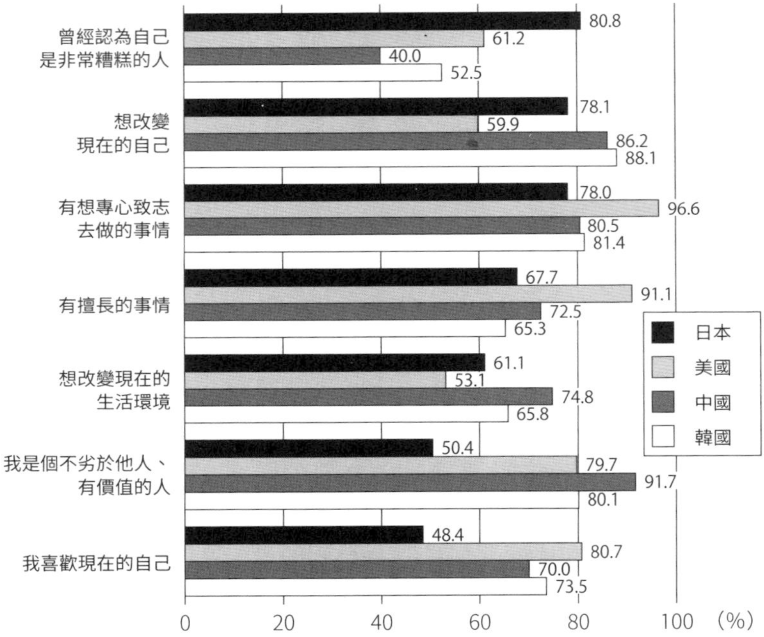

◆ 註：此數據為回答「相當符合」以及「還算符合」的比例。

◆ 引用自：國立青少年教育振興機構「關於高中生留學之意識調查報告書」(2019)。

以「照樣造句」做爲自我防禦戰略

接下來我們將話題換到「照樣造句」決定法。
關於這點，其實他們之間有非常強而有力的「行動三原則」。

①重度參考他人所給的範例。
②如果沒有範例的話，基本上一切辦不到（不做）。
③因此會強烈希望有能夠參考的範例。

有這樣一個故事。
在某個職場，主管大致上將做法教給新進員工之後，說了句「不懂的話再來問我」然後就把工作交給他了。當然，主管只是稍微指點一下，新人不可能馬上就能順利工作（工作可不是那麼輕鬆的事情）。
但新進員工卻一直沒有來問問題。
這是什麼情況呢？
是因為上司讓人害怕？

的確有這種可能。

那麼我來改一下情節好了，假設那個主管長得跟福山雅治一樣帥氣，而且是個和大泉洋一樣和藹可親又風趣的人[5]。

那麼下屬會來問問題嗎？

結果他還是不來問。

為什麼？

答案很簡單。我想你應該也知道答案了，正是行動三原則的①和②。

主管並沒有告知關於「如何問問題」的範例。

很遺憾的，大多數主管都無法摸索到這個答案。一直沒發現這件事情，交代的工作就這樣接近最後的完成期限，實在無法忍受了，終於離開自己的位置，然後演出下面這樣的情節：

「怎麼不馬上來問問題？不可以浪費寶貴的時間啊。」（福山雅治風）

「你們不會做也是正常的，問什麼都沒問題的啦。」（大泉洋風）

難得都讓主演等級的人出來表現了，但還是很抱歉，好孩子症候群患者的反應大概是下面這兩者之一。

- 之後會來問各式各樣的問題（因為主管如此指示）。

又或者是……

- 還是什麼都不去問（因為並沒有拿到「如何問問題」的相關範例）。

我想你肯定會忍不住想大吼：「給我用自己的腦袋想想啊！」

……實在令人難以啟齒，不過這種斥責幾乎是毫無意義的。

你一定得要**用自己的頭腦去思考一個範例**，然後告訴他才行。

選擇取決於網紅

看到這個標題，你可能會想：「原來如此，的確最近的年輕人比較不會在意傳統媒體資訊，反而會看社群網站來決定要不要買東西呢！所以接下來是這

5 兩者皆為活躍於日本演藝圈的知名演員。

3-3 ｜護膚商品主要資訊來源

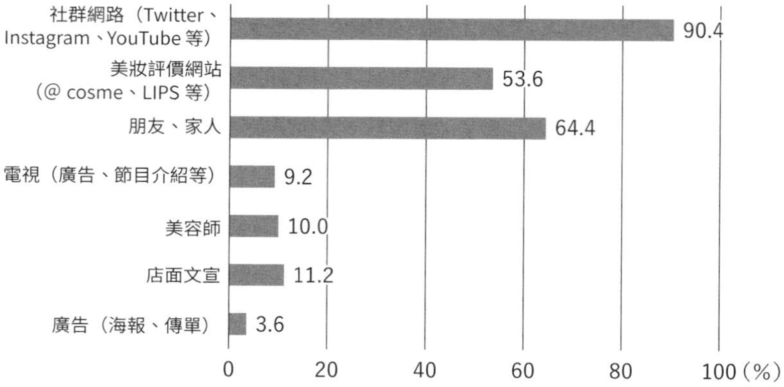

◆ 引用自：奧村音芽、山本心咲季《強化護膚商品之化妝品價值體系化》，金澤大學人類社會學域經濟學類畢業論文（2020）。

個話題囉？」

抱歉了，其實不太一樣。的確，現在的年輕人選擇商品的標準是那樣沒錯，不過這裡我想提的是「為什麼網紅會流行起來」這點。

順帶一提為了那些可能會問「網紅是什麼？」（從這裡講起?!）的人，還是稍微帶一下。所謂網紅主要是指使用社群網路發出資訊，藉此對於社會產生巨大影響的人，英文的語源來自產生影響的「Influence」。

可能會有很多人直接聯想到知名藝人或者運動選手之類的，雖然在比例上來說，那類知名人士的確比較多，不過「社群網站上的名人」數量也逐日增加。就算是素人，只要站在消費者的立場和觀點，又具備能夠提供有趣資訊的技能，就會有很多追蹤者，也就是說 YouTuber、TikToker 或者 Instagrammer 等人都會成為網紅。

舉個例子，讓我們看看目前大學生在購買化妝品的時候會活用哪些資訊來源，如圖表3－3所示，使用社群網站的比例出奇的高。

以前大家將最具代表性的搜尋引擎「Google」當成動詞來使用，在搜尋東西的時候直接說是要「Google」（英文當中也會把 google me 當成動詞來使用），但現在的年輕人幾乎不這麼用了。

如果想看看最近流行的、受歡迎的東西是什麼，就打開 Instagram；如果想知道電車或新幹線有沒有延遲，或是有沒有停課這類當下發生的事情，就打開 Twitter[6]；要找某個官方網站的時候才會去 Google，如此區分使用方式。

另外，或許有很多人覺得 LINE 是年輕人的工具，但最近來說並非如此。對於年輕人來說，他們能夠巧妙運用 Instagram 的「限時動態」（短片功能）或者訊息，但是 LINE 對他們來說，心理障礙實在太高了。現在年輕人就連用

6 已於二〇二三年七月正式更名為「X」。

LINE進行一對一交談或通話，也只有在必須即刻聯絡的時候才會使用。

就連消費行爲都無法自行決定

為何現今的年輕人會如此依賴社群網路的資訊？

只要比較一下社群媒體與傳統媒體發送訊息的方式，答案就很明白了。

過往以傳統媒體為主的宣傳，基本上都是單向發出資訊，這種做法問題在哪呢？一般認為是「無法進行雙方溝通」。

但我認為單向型媒體的問題點其實是在於「消費者必須自己解釋接收到的資訊內容」。到底跟自己合不合？喜歡還是討厭？正確或者不正確？就連如此簡單的事情，只要是「被迫接受」，對於現在的年輕人來說，他們就會產生抗拒之心。

因此無論提供給年輕消費者的資訊在旁人看來多麼有利，也不一定能夠引發他們的購買行動。甚至提供越多資訊，可能反而讓他們更加無法決定。

這種情況不僅限於年輕人，跟屬於哪個世代並沒有關係，因為人類覺得靠直覺來決定事情比較輕鬆。

請想像一下你去餐廳的時候，店家向你介紹他們推薦的菜色的情況。然後再想像，若是朋友帶你去那間店，並且說「這個超好吃的！」時候的情況。

若為前者，你應該會先把店員給的資訊放在一旁，畢竟還要考量一下推薦餐點的價格、店員的價值觀等因素後，才能下決定。

相較之下，後者的資訊應該就能夠老實接受，尤其是如果朋友的價值觀和自己相近的話，就更沒什麼好猶豫的了。

心理學同時指出人類還會認為店家提供的資訊「或許會編造成對自己（經營者）比較有利的內容」這樣的偏見，當然也是會有這種情況發生，但我認為「要自己決定事情」的壓力影響更大。

而且，現在的年輕人是「社群母語」的世代，也不會覺得以直覺來決定事情有什麼不好。

投稿在社群網路上的消費體驗或網紅的資訊，並不會直接把資訊像球一樣丟向自己；也不需要自己把東西帶走、深思熟慮、然後用自己的意志來決定……沒有這些流程。只要遵從當下看到的感覺，不會有自己決定的壓力，就可以購買了。現在的年輕人對於要自己決定事情，有這等程度的抗拒。

大家一起決定

最後是關於「大家一起決定」。

在一般大學生活中，必須要決定什麼事情的情境，大概就是專題課程時發表的順序、要送專題老師什麼生日禮物之類的吧（這絕對不是我在自豪）。

假設某位老師在生日的時候收到了專題學生們一起寫的塗鴉卡片，老師非常高興，忍不住想問：「謝謝你們！這是誰的點子？」（這只是一個例子而已，絕對不是我在炫耀自己多受歡迎）

這種時候，他們一定會回答「是大家一起決定的」。

打造出這種「大家一起決定」的感覺，對於現今的大學生來說是非常重要的流程，因為實在過於重要，所以絕對不能出差錯。因此，這件事的流程相當嚴謹而精密、有著極為高級的戰略。大概是這種感覺。

步驟一：假裝不經意地和朋友聊起要不要送老師生日禮物。

步驟二：如果不小心得到了還不錯的反應，就說要不要三個人一起呢，然後再跟其他同學提這件事情。

步驟三：用這種方式取得所有同學（或者幾乎所有人）的贊同以後，請每個人提出送禮物的意見。

步驟四：從收集到的點子裡面，盡可能以比較客觀、合理、具邏輯的方式來述說理由，最後決定「就送錢包吧」。

我覺得特別巧妙的就是步驟四大家會談的部分，提出來的意見必須要盡可能給人客觀的感覺。要是之後有人說什麼「最後是根據○○同學的意見表示……」那可就糟了，絕對要避免自己的提議被大家採用。

有必要做到這種程度嗎？會讓人這麼想的是步驟三中每個人提一個點子的部分，需要這麼堅持人人必須同等嗎？（詳細參照第二章）

（金間專題第十二～第十三期的各位同學，謝謝你們送的錢包，我會好好使用的。）

要是事情被推到自己身上該如何是好

讓我們重新思考一下，為什麼現在的年輕人會對「下決定」這種行為感到強烈恐懼和壓力呢？

對於無法想像他們心理狀態的人來說，大概會說一句：「想太多啦！根本就不會有人記得誰說了什麼啦，是你自己太在意那種事情。」但好孩子症候群的年輕人是無法理解這點的，而且他們還會想著「要是之後推到我身上怎麼辦？」「如果大家覺得我很怪怎麼辦？」

我以前也曾經站在高處想著「好，讓我來解放你們這種痛苦的內心吧」，而好幾次試圖轉換我的學生們的心理狀態。

每次都會花費至少一小時來處理這種心理活動，簡單來說大概是這樣的。

比方說你在社團的 LINE 群組中，提議送顧問老師生日禮物。這是非常恐怖、相當需要勇氣的行為，按下送出的瞬間就擔心著不知道會有多少人已讀，幾乎想把手機塞進衣櫥裡面。但把手機丟進去的話，下次拿出來看肯定會比現在還要可怕，所以也沒辦法這麼做。

你應該會想著：「啊啊拜託快點有人回訊息吧。為了這時候會有人回應，早知道我應該先用私訊請人幫忙才對。已讀數是『5』那就表示有人看了，但這樣還沒人回應，肯定是我做錯了什麼。還是我說了大家不樂見的事情啊？啊啊啊我不行了，我想快點解脫啦。不行，我真的不行了。好，收回訊息吧！」

那麼，如果不是你這麼做，而是其他人做出這種行動，你會覺得那個人是「奇怪的傢伙」嗎？假設那個提案是真的讓大家有點意外好了，但你還是會覺得那個提議者是很奇怪的人嗎？

應該不會這麼想吧。也就是說，你自己都不會有那樣的情緒和想法，卻擅自認定別人會這樣想，所以才會因此感到恐懼。

但這種淺顯的心理轉換手法，通常都會得到這樣的答覆：

「我也知道是這樣啊，但知道是一回事，我自己做的時候還是會這樣想啊！」

這算是一種被害妄想嗎？無論如何，好孩子症候群的年輕人們比我想像中的還要難搞，一點簡單邏輯是無法打敗他們的。

極度擅長請人代勞

據說，日本海軍軍人山本五十六曾說過相當有名的話：「若不身為表率做給他們看、說給他們聽、讓他們嘗試，也不進行誇獎的話，人是不會動的。」山本大將軍，真的是這樣嗎？不管做了多少給他們看、對他們講了多少次，他們還是沒有要自己動起來的感覺耶。

更甚者，原先是我站在教育他們、指導他們的立場，但不知何時主導權就遭到逆轉，變成我是被操控的一方。

在第二章的聚餐那段也有稍微提到，我認為當今的年輕人因為無法決定事情，取而代之的是，他們讓別人幫忙的技術變得相當高明。

以下就公開年輕人逆轉這種主導權的步驟（各位社會人士請務必閱讀這一段）。

①嘴上先說想要努力，讓人感受到意願。
②同時散發出老實又認真的年輕人氛圍。
③不說多餘的話。
④不做多餘的行動。
⑤就連真的認為是「做了應該會比較好」的行動都不做。比方說，絕對不可以問問題。
⑥如果對方問「懂嗎？」「有學過嗎？」這種時候一定要再次使用步驟②，用力散發氛圍。到了這個地步，有八成可以說是贏了。
⑦不過這時候也還是不可以回答「是、有」或者「不是、沒有」之類的。大人最想要的就是得到反應，絕對不可以輕易顯露。

⑧之後隨機採用②～⑦步驟。簡單來說，就是除了散發出自己是個老實且認真的孩子氛圍以外，什麼都不做。

⑨偶爾露出疲累或者困擾的表情。

⑩終點！比賽結束。這樣的話大人就會全部幫自己做完了。

好孩子症候群的各位年輕人，實在抱歉，我就這樣把你們的傳家寶公開出來，這樣一來你們的戰略就無法通用了。

才怪，大概還是可行吧。

大人們就算隱隱約約覺得「什麼都幫忙做」好像不是很好，但還是會忍不住伸手幫忙。想為年輕人做點什麼的欲望＝大人的自我效用感，這點年輕人可是操控得相當漂亮，真的是技巧高超。而且這些技巧使用越多次，就會變得更加俐落，所以擅長請人代勞的人也就越來越多。

大人如果非常想要改變這種狀況，也很簡單。

那就是大人要封鎖「想為對方做點什麼的欲望」，就這麼簡單。

對年輕人來說，他們只不過是幫忙滿足大人「想要為自己做點什麼」的欲望。想滿足對方的人生需求這件事情其實是年輕人的想法，因此不知不覺這種場合的主導權也交給了年輕人。

我再重複一次，如果想改變這種狀況，大人絕對不可以幫他們的忙，也不可以教他們，簡單來說就是什麼都不能做。

不過他們的技巧真的是世界第一，有核彈等級的威力，會盡可能動搖你心中所有欲求、引發你起身行動。

「這孩子會不會真的什麼都不懂？」

「如果我不做點什麼，會不會對他的將來產生不良影響？」

「我幫他的話，應該能夠建立起往後的良好關係吧？」

「什麼都不幫他的話，之後會不會後悔呢？」

「什麼都不幫他的話，其他大人會不會來跟我抱怨？」

要把這些話全部吞下去，需要相當強悍的意志以及戰略。

Chapter

4

總是想著「太過突出的話怎麼辦」

多重保險的人際關係

大學校園內某天午休的情景

實在抱歉又要再繼續假設，各位想必已經習慣自己是個普通的大學生，目前第二堂課剛下課，你正想著在第三堂課之前要去吃個午餐。有些人可能會說自己平常沒吃午餐，或者你是帶便當派的……現在問題不是這個喔。

你和朋友兩個人一起走向學校餐廳，這天要在那裡取得食物有以下三個方法。

①學生會的餐廳：在日本大學的校園內，大學生協會真的相當有用。說起來也就是學生餐點，實際上也如同聽起來的一樣無聊，基本上都是整齊劃一的普通菜色，吃套餐的話大概是五百日圓左右（沒有看起來那麼便宜）。

②學生協會的合作社：概念上就跟大家想的一樣，隨意放著常見的麵包、飯糰和文具之類的東西，且不知為何陳列了大量的「頭腦麵包」（雖然很大但很便宜）。

③校外來的餐車：幾天前開始來這裡，以六百三十日圓的價格銷售東方風

味午餐盒，這一帶飄盪的食物香氣似乎就來自於這個餐車。

那麼你會選擇哪個呢？

如果你是二十至四十來歲的社會人士，想必覺得③相當有魅力。亞洲風格的午餐特別受到女性歡迎，你會不會試著跟其他人說：「買這個去空教室吃吧。」

或許也會有人選擇②的頭腦麵包和罐裝咖啡，這感覺上比較像是男學生，特別是那種中午塞什麼進肚子裡都無所謂，總之想快點去打遊戲那種理科學生角色吧（這不是偏見，我自己就是那個世界的人）。

會選擇①的人，基本上就是固定都會在學生餐廳吃飯的人吧。拿起最靠近自己的托盤、深棕色的塑膠筷、夾熟菜……已成固定模式的學生餐廳。對了，使用先前儲值好的學生證來結帳是現在的主流，近年有很多學生證可以兼作交通ＩＣ卡，或者還有其他各種功能。

雖然花費了這麼長的版面描述，不過其實不用管當今大學生的餐飲狀況，重要的是為①到③選項添加附加條件。

Ａ：餐廳排了很長的隊伍，但是應該不至於耽誤到下一堂課。

B：合作社也排了很長的隊伍，而且隊伍比餐廳更長，但是結帳速度比較快。

C：餐車沒有人排隊。

這樣一來，果然還是選③的可能性比較高吧？終於還是會嘗試提出「買了拿去空教室吃吧」？想像一下自己跟班上那第四可愛的女生，兩個人天真無邪度過校園生活的情景，真是心動萬分的發展對吧？

不，實在不好意思，現在要買午餐的是你，不是AKB也不是坂道系列的人[7]。而且還要多說聲對不起，現在的大學生選擇結果並非如你所想，他們並不會選擇你心中描繪出的那種酸酸甜甜青春午餐時光。

為何我能夠這樣斷言呢？其實這個選擇遊戲並不單純是假設，而是有實際研究數據的。

真正的大學生兩人組，大多情況都會排到②的合作社隊伍尾端。根據我的觀察，這並非巧合，因為不管星期幾，或是狀況略為相異的不同大學，都能夠看到類似的現象。所以長龍隊伍只會越來越長，這種奇妙現象在每個校園當中

7 兩者皆為由作詞家秋元康擔任製作人的日本大型女子偶像團體。

普遍發生。

爲了避免突出而排隊

你要怎麼解釋這種情況呢？

如果對照客觀數據，自然可以提出各種解釋。

近年來的大學生收到家長給予的零用錢金額是前所未見的少，而另外申請獎學金貸款的比例則是年年突破新高。午餐想著「就算只便宜十塊錢也該省下來」這種心態乃是理所當然，餐車的六百三十元餐盒實在太貴了。

或者大家也可以這麼想，有許多學生在餐車開幕第一天就買了風味料理，發現其實並不好吃；或者在合作社買十個頭腦麵包就可以不用參加「動機論」的大考之類的。

不過我的解釋並非如此，針對這個案例，我想討論的正是本章標題「太過突出的話怎麼辦」。

現今的大學生**沒有人會靠近**無人排隊的餐車，理由是「太顯眼」。

校園有非常強的制度保護著，基本上外人無法進到校園裡營業，餐車老闆肯定是相當辛苦交涉才獲得了在校區內經營的權利，就行銷論的常識看來，他的努力成本理當獲得回報。成功的話，那裡可是藍海呢，學生將前仆後繼來購買，也會有很上相的限時動態透過學校內的WiFi不斷被上傳到Instagram……

但能夠瞬間打碎餐車老闆夢想的，就是好孩子症候群「不想突出」的心理。

本章特別將焦點放在目前大學生希望與人一致的心態，來觀察他們乍看之下令人感覺矛盾的心理狀態。

最可怕的活動是自我介紹

在實習或者專題課程中感到最為棘手的事情，有不少學生都會說是自我介紹。聽他們這樣說，很可能會有人以為是因為他們被交代必須要說一席相當精美完整的自我介紹，但事實並非如此，就只是一個人一分鐘那種很簡單的自我介紹而已。

閱讀本書到這裡的人應該能夠理解了，討厭自我介紹的原因，當然就是因為不想太顯眼。因此若是告訴他們「一個人要講三分鐘！」那麼教室裡就會馬上瀰漫著緊張的氣氛。

對他們來說，和自己要說什麼內容一樣重要的，就是自己「要第幾個說」。

接下來就是本書固定的好孩子症候群判斷猜謎時間。

現在假設有八個人參加實習。

而負責實習授課的老師告訴學生：「自我介紹的順序就由自己主動提出吧，先講先贏。」那麼接下來會有什麼樣的反應呢？

會接二連三有人大喊「我最後！」嗎？

或者是從正中間（第四或第五個）開始往前後填補呢？

叭——都錯。

正確答案是一片死寂。

理由就如同前章所述，無論是多麼小的事情，要叫他們自己第一個跳下海開口，完全只會引發他們的恐懼，因此好孩子症候群的年輕人是絕對不會這麼做的。

真沒辦法，一片沉默之後老師只好再次指示。

「那麼座號一號的青地同學，你想第幾個講？」

這裡我再問大家一次，你覺得青地同學會選擇第幾個發言呢？

難得有這個機會，就用大家擅長的選擇題吧。

①最先講（第一個）
②第二至第四個
③第五至第七個
④最後（第八個）

正確答案是③（這個問題可能比較簡單），這個數字約莫就是目前大學生認定不會太過顯眼的位置吧。之後也依照順序排好以後，最後剩下來的當然就是①最先講（第一個）囉。

總之好不容易決定好順序了，老師這時候應該也覺得有點累了吧，打起精神請大家開始自我介紹。

那麼內容又會是如何呢？

這個要改成問題實在太難了，我還是直接發表答案吧，但在本章當中，這件事情是相當重要的。

答案就是「複製第一個人講的自我介紹內容」。

順序第二以後的學生會仔細聆聽第一位學生的內容，並且完全複製。大家能夠想像是什麼樣的感覺嗎？舉個例子大概是這樣的。

一號：「我叫碇真嗣。神奈川出身，社團是料理研究社，請多多指教。」來，下一位。

二號：「我是橫波零。石川縣出身，沒有加入社團，請多多指教。」

連聽的人都不禁覺得不好意思的完美複製，我都忍不住感嘆當事者竟然不覺得害羞呢。但是對於他們來說，比起這種事情，他們更加不想顯現出個性（尤其是變得顯眼）。

順帶一提，下面這種好孩子風格是不及格的。

二號：「我是縱波明日香，出生長大都在金澤。我沒有參加社團，不過有在烤肉店打工，今後也希望繼續努力。」

調整太多了。不會吧？你可能這麼想，但這對於他們來說就完全是「出頭釘」程度了。

順帶一提，不幸被安排在第一個上場的學生，通常應該會使用自己過去（高中時代等）的經驗來做自我介紹。

甚至不會說「自我表現者」

本書打著「好孩子症候群」的口號，正是以大多數年輕人都有這樣的傾向為前提，試圖客觀洞察他們的心理狀態。

但是，當然也有很多年輕人並非如此，比方說像剛才那種在自我介紹裡還是會試著留下自己痕跡的學生。

以前這種學生會被稱為「自我表現者」，這種講法其實也稍微包含了點「讓人看不下去」的諷刺感。但現在就連這種講法都不通用了，對於現在的學生來說這種說法太直接了，這種用詞的負面含意實在太過強烈。

現在比較好一點的講法大概是「很厲害的人」之類的吧，好孩子症候群的年輕人們並不喜歡含有負面意義的形容詞（至少面對面的時候是這樣）。「看不下去」這種講法也太過攻擊性、令人緊張；「陰沉的傢伙」或者「情緒不穩定」這類主要都是針對自己、自虐性質的詞彙。

當然「很厲害的人」也多少還是帶有一些自我意識過剩的語意，因此學生們在讀書（成績、課堂上的發問及回答等）還有課外活動（求職或學生社團等）當中，就算同學說自己「好厲害喔」也不會覺得很開心，甚至可以說是討厭這種情況。

日本與亞洲「好看」的差異

目前在日本廣為流通的社群網站，基本上應該是Facebook、Twitter、Instagram、TikTok還有LINE吧。其中以Facebook的使用者最為高齡化；Twitter誕生得最早，不過目前是包含年輕人在內的所有世代都能接受的平臺；以全世代型的社群來說，LINE也很接近Twitter；接下來使用者比較年輕的是Instagram，然後是TikTok。

讓我們把著眼點放在「匿名性」及「好看程度」上。匿名性對於年輕人的重要性，我們在第一章就有提到，所以這裡稍微帶過就好。也就是說臉書之所以會高齡化，是因為在年輕人的眼裡，這個平臺基本上是實名制；另一方面，Instagram上面雖然也有一部分人會使用接近本名的帳號（比如像我的daisuke_kanama），但只要雙方知道彼此是誰，基本上使用什麼名稱並不成問題。

在談論年輕人文化的專家之間經常會看到「以本名為中心的社群網站對年輕人來說太過反映現實社會，他們尋求的是有別於充滿閉塞感之真實社會的另一個世界，同時這種想法表現在照片或者影片的『好看』這方面」這樣的解說。

然而「尋求另一個世界」這種乍看之下很有說服力的論點，肯定是不太對。至少大多數大學生尋求的是與真實社會的聯繫，而非什麼其他世界。

但是他們心中的真實社會，卻限制在非常封閉而狹窄的範圍內，這個狹窄世界就是他們有興趣的一切。那些會做出打工恐攻（把打工的時候使壞的照片或影片上傳到社群上）行為的年輕人，其實只是想讓少數朋友看看他們的勇敢行為。他們的來意並非朝著網路另一頭的廣大世界，而只是在他們眼前的那幾個朋友罷了。

接下來談談「好看」。最值得玩味的一點就是，日本人學生的社群發文和留學生（尤其是亞洲人）的發文大異其趣。

留學生們的發文，不管是照片或者限時動態都讓人輕易感受到他們考量的是自己是否上相，當中還有會讓人覺得「這真的是本人？」的那種修過頭的照片。

然而現在的日本學生上傳的照片卻沒有那樣的傾向，在選擇要上傳哪張照片的時候，最必須小心的就是「照片裡的其他人看起來如何」。

既然是要讓真實世界裡的人看到這些東西，那麼發到社群裡的照片、影片、甚至是標籤（hashtag），都必須要考量到近在身邊這些人的心理狀態。

如果四個朋友一起去主題公園，那麼要在眾多照片裡面選擇哪一張上傳到限時動態呢？在大量的照片當中，就算覺得有幾張自己被拍得看起來很不錯，但若另外三個人並沒有都拍得很漂亮就不行。

在選擇發上社群的照片時，好孩子症候群的年輕人也會加上多重保險。

問題是「在誰的眼中」顯眼

關心對象完全局限在極端狹窄的關係這點，是談論好孩子症候群時相當顯著的特性之一，所以我們稍微多談一些。

重點問題就是「究竟是在誰的眼中顯眼」。

受人矚目這件事情本身的問題不大，當一個自我意識過高的人，或者受到別人誇獎也不是什麼問題。

這些事情被自己所屬的狹窄社群中的人知道，才是他們恐懼的事情。

作者在本書中刻意頻繁使用了「恐懼」這樣的詞彙，可能會有人覺得這聽起來有些奇怪。然而要用來表示好孩子症候群年輕人心中的情緒，我認為恐懼是最適當的用詞之一。

他們當然還有很多其他害怕的事情，怕撞鬼、怕惹老師生氣、怕求職不順利、怕毀了自己的將來。但是在某些情況下對他們來說，自己在群眾當中變得顯眼、自我介紹失敗、（想像）有人覺得他們「有點奇怪」、「出頭了」反而更令他們恐懼。

這種恐懼會瞬間且驟然闖入他們心中，而且非常強烈、彷彿脊髓反射般支配他們。體驗到這種感覺的記憶，會有很長一段時間影響那個人往後的人生。

或許會有人覺得，近來的年輕人都受到那種事情束縛，實在很可憐。但另一方面，就算程度有所差異，我想應該也有很多人能夠理解我所說的事情，最近對於周遭反應相當敏感的人越來越多，也常聽到ＨＳＰ（Highly Sensitive Person，相當敏感的人）、「高敏人」這類詞彙。

「Hi, Mike!」事件

以前我上英文課的時候，班上有個朗讀課文發音流利到令人難以置信的學生。我忘了是哪個國家，不過她是歸國子女。

我記得，應該是國二上學期的學期末轉校進來的轉學生？「在這種時候轉來?!」我記得跟朋友這麼聊過。但考量到國外的學制，或許七月進來其實是很正常的。

光是「Hi, Mike」一句話的發音就不一樣。不管怎麼模仿，都沒辦法講得像她一樣。

我打從心底認為那真的是非常帥氣，所以請她教我，然後模仿她的發音。沒過多久，班上就流行起了「Hi, Mike」。不管做什麼，大家都會用這個句子。吃營養午餐的時候、足球傳球的時候、去廁所的時候，總之都會來這麼一句。反正光說出口就很有趣，要是有人出其不意冒出這句話，還會害大家不小心把喝到一半的牛奶噴出來。

這個「Hi, Mike!」事件應該有很多人會覺得「還真是挺幼稚的故事」吧，但不太像是那種笨蛋國中男生隨意笑話，給人一種不知名的黑暗潛藏在教室當中的感覺。

不過沒多久以後，教室裡的注意力就轉移到其他活動了，當然就是期末考以及接下來的暑假。班上雖然也有不良學生，但三十歲左右的年輕班導非常認真整合我們，所以班上的氣氛原來也不是太糟。不過取決於發生什麼事情，教室的氛圍有可能走向任何方向。

競爭意識低落

我先繼續主題的部分。

最近會抱持「想做些事情讓自己受到周遭的人矚目」想法的年輕人逐年減少，而另一方面貫徹「只要合得來的夥伴懂我就好了」的人則有增加的傾向。

這種傾向也出現在競爭意識上。

並不是說「想贏得勝利」這種想法變弱了，正確來說是憑著自己的意志參加競爭、獲得勝利，以及想要宣告勝利這種想法變得非常微弱。

我再說一次，現在的年輕人「不想輸」的想法本身並不弱。不，正確來說應該是「非常怕輸」的想法相當強烈，因為他們太過害怕失敗，結論如果是只要有一點點輸掉的可能性，那麼乾脆不要參與競爭，所以現在的年輕人才會討厭競爭。不要八十三勝六十敗（職業棒球大賽風格）、也不要八勝七敗（大相撲風格），要競爭的話就要一戰得勝，除此之外都不做。

會讓他們有這種想法的背景因素，有許多人提出可能是受到少子化的影響。

與團塊世代[8]或者再下一個團塊二世世代[9]相比，現在二十來歲（被稱為無欲世代[10]或數位母語世代）的人口相當少，所以也被認為可能因此和他人的競爭意識比較微弱。

在各種方面也常拿來和被稱為「懷才不遇世代」的團塊二世世代互相比較，單純以數值方面來說，團塊二世世代在二〇二一年時大約是四十七至五十歲，同學的數量大概是兩百萬人左右。另一方面，二〇二一年二十歲的人則約有一百二十萬人。

為什麼這個數字會經常被拿來比較，是因為這正好是親子關係的年齡。團塊二世世代的父母就是團塊世代，約兩百二十萬人。也就是從結構上看起來，團塊世代生下了和自己差不多（雖然少了點）數量的孩子，而這正是日本人口統計上的兩個高峰。

然而團塊二世世代卻只打造出平緩的高原，並沒能夠打造出第三個高峰，理由是出生率低落、生育年齡擴大分散（而且是往高齡走）。

單純從數字來看就有這麼大的差異，而將重點放在本書所矚目的大學生數量來看的話，團塊二世世代的大學升學率為25～28%，如今二十歲的人卻是55%。也就是說，同時代的人有將近六成都進了大學，升學率幾乎是上一代的兩倍，這也是為什麼雖然少子化進展如此快速，大學的數量和大學生卻沒有減少的理由。

求職方面也有類似的傾向，公務員數量從以前到現在幾乎沒什麼改變，大企業的數量和比例是不減反增。大學生、研究生的挑選倍率，在團塊二世世代最後畢業的二〇〇〇年畢業生是就業冰河期的谷底，大約為一倍[11]（近年來觀測唯一低到只剩下一倍的年份）。但另一方面，就算是在疫情打擊下，頻繁聽到航空業界等經營狀況慘淡的報導，二〇二二年的挑選倍率還是有一點五倍左右。

這些情況看來，與其說是無欲世代和數位母語世代的競爭意識薄弱，不如說情況其實比較接近他們根本不太需要競爭。

順帶一提，前面所說的人口結構高原的邊緣，那群人在二〇二一年正好十八歲，因此十八歲人口又開始急速減少，「競爭」或許將會成為過去的產物。

8　指一九四七年至一九四九年間，日本戰後嬰兒潮出生的人群，意指這群人為了改善生活而辛勤勞動，緊密地聚在一起。
9　日文為「団塊ジュニア」（dankai junior），大多指一九七〇年代前半段出生、「團塊世代」的孩子，因此以junior（二世）稱之。
10　原文為さとり世代，又稱「悟世代」，一般多指一九八〇年代後半至二〇〇〇年代前半出生的人，主要特徵為不追求物欲，彷彿頓悟一般。
11　挑選率一倍表示每個求職的人只有一份工作機會，因此數字越高對求職者越有利。

重協調勝於競爭

教育上經常會有關於課綱的爭論，因為它直接影響了兒童和學生的氣質及心理。比方說「寬鬆教育」就以相當簡單易懂的方式表現出當時的課綱，（將其與過去的差異稍微誇大些）具體來說這個教育方針並不填鴨各種知識，而是更加將焦點放在個人身上、重視經驗，對象是一九九三年到二〇一〇年入學的小學生。

受到重視的是自主學習、思考的意願及態度，而這些素質被定義成「關心、意願、態度」。這個概念主張重視主觀意識的學習更勝於高效率輸入教材內容，並且必須同時提高這種學習基礎的「思考力、判斷力、表現力、技能」。

寬鬆教育當中最為引發話題討論的，就是賽跑不列出名次（也就是說根本就不是比賽了），而是「手牽手走向終點」，因此這個課綱也被嘲笑說「寬鬆世代根本沒有競爭的經驗」。確實競爭環境已經大為銳減，但是寬鬆教育的本質如前所述，是重視且強化個人經驗和體驗的教育計畫。

我認為這是相當重要的論點，還請務必記住。簡單整理重點，其實寬鬆教育的核心就是「由於競爭環境已經變得寬鬆，因此重視個人經驗與體驗，培養出學生自主學習、思考的意願及態度」。

重視個人經驗和體驗、自己學習並且思考，也就是好好面對自我，這個要點相當強烈。

而與他人的關係方面，則是強調以協調（這兩個詞好像，感覺真容易打錯字）與主觀性來取代競爭。

當中比較好理解的實際範例就是「綜合性學習」，聽說當時的綜合性學習比較細節的運用方式基本上是交由每間學校自己決定，但基礎形式應該大部分學校都是共通的。

首先是讓學生組成多人小組，然後訂立一個需要成員互相協助的主題，進行調查研究，而研究結果也要先在小組內討論以後，最後將成員的想法整理出來並且進行簡報。透過這樣設計的學習方式，就能夠同時培養重視個人主觀意識的學習，以及身為團隊成員的協調性（應該）。

與其和他人競爭讓自己出頭天，更該考量到自己與周圍的每一個人、配合所有人的步調，強化「大家要合力跨越難關」這樣的想法（應該），這是寬鬆教育的目標。

到這邊應該會有很多人覺得「這聽起來很棒啊」對吧？重視主觀意識的經

驗和體驗、培養自己學習及思考的能力，同時又能配合他人的步調，合力共同跨越難關。嗯，感覺真的很棒。

但請大家思考一下，值得討論的點就在於，為何重視個人經驗和與環境協調的教育方針，會導致如此強烈的從眾意識及平等主義。

重從衆勝於協調

雖然安上名號聽來相當宏偉的寬鬆教育、也建立起巨大課題，但要如何才能夠評估主觀意識學習的重點基礎「思考力、判斷力、表現力、技能」，還有「關心、意願、態度」呢？

我們「隱約」能夠明白某個人的思考力和表現力是否優秀，就算評估對象不只一個人，（只要不是沒差多少）也能夠「約略」排出名次。

實際上各種面試就是運用這種技巧。

就算要判斷的是兒童和學生的思考力、判斷力、意願和態度，也還是一樣的情況。一個孩子的學習意願高不高，當下老師也是「隱約」能夠明白的。

但這個「隱約」無法確保義務教育中最重要的公平性，因此需要某種客觀性。

另外「不測驗就不會有所成長」、「想要進步就得先進行測驗」這種原則也非常強硬，如果想要客觀說明孩童的學習意願，那就必須要測量並且化為實際的數據。

因此若思考力、判斷力、意願和態度有某部分化為簡單易懂的行動（且為任何人都可以測量的狀態），那就可以進行計算了，比方說上課的時候提問的次數、自己進行課外活動的次數這類的。

而此時眼前擋路的正是前面稍早提到的「重視協調」路線，前面提到的要點，我再提醒大家一次。學校這個場所是要讓大家「重視主觀意識的經驗及體驗、培養自我學習思考的能力，同時配合他人步調、合力共同跨越難關」。而在學期當中評估這件事情，並且使其化為眼所可見，這樣的任務就被交付給教學現場。

在同年級的團體裡，只要有一點不同就會很明顯，因此在這種環境當中發揮個人主觀的行為，就會是擾亂「大家一起」、「團隊合作」、「具備一體感」、「有如家人」這些機制的行為，變成一種強出頭的情況。這種集體情緒會轉移到「必須自制」、「不能太過顯眼」這種從眾壓力上。

孩子們會把這種情緒當成生存本能，因此忌諱且討厭異質存在，並且試圖排除。

孩子開始不在教室裡舉手的時期

論點開始變得有點難了，要是不管我的話馬上就會長篇大論下去，這種拋下周遭、不顧一切正是研究者氣質的壞習慣（反省）。

本章還剩下一點點，讓我們重新將觀點拉回好孩子症候群的現場吧。最後想請大家思考的是：好孩子症候群是什麼時候發作？又是如何變本加厲的呢？

我以前曾做過一個調查，關於小學生若在課堂中遇到老師問：「有誰知道這是什麼？」教室裡的同學會紛紛舉手表示「我知道！」的情況大概會維持到幾年級。

結論上來說中間值是小學三、四年級左右，五年級以後就越來越難看到天真舉手的學生們。

也就是說，本章主題「太過突出的話怎麼辦」這種心理狀態，大概是在這個時候萌生的。之後隨著升上更高的學年，進入國中以後，對於周遭目光的負面意識就會變得非常大。

這個時期究竟發生了什麼事情呢?只要能夠明白這點，或許就可以提出一些對策。以前就有人說過「十歲之牆」、「小四之牆」這樣的話，看來這種情況早已根深柢固。

爲了避免打亂場子而演戲

一名在國中教理科的朋友，曾告訴我這樣的事情：

「總覺得最近的國中生在表現跟夥伴感情好的『演技』越來越好了，尤其是在學校有活動的時候，這種感覺更加強烈。『不能打亂彼此之間的關係』是大家最關心的事情，他們特別把自己的心力花在這部分。倒也不是說他們的言行舉止看起來不自然，但總覺得哪裡不太對勁。」的確我也覺得最近的年輕人演技越來越好了。

所有人都非常害怕破壞與親近之人的關係，不管大小事都會將真實的自己偽裝起來，表現成另一個樣子。

我朋友的假設是：「學會這種演技的年齡層可能開始下降了。」

我認為這個假設是正確的。

現在的年輕人從孩童時期就已經學會了「演戲」這種高等溝通能力，到了大學生時期便已具備高超演技。這樣一來，很多事情就有了合理的說明。

我經常看到他們就算只是在不經意的對話中，只要提出略有差異或者對立的意見（一個不小心犯的錯），他們也會使用極為巧妙的演技，瞬間就讓對立完全消失。

我自己並不覺得那種情況有什麼不好，反而認為這是對於朋友的體貼，這正是「顧慮周遭每個人的能力」。

同時又覺得有點噁心、也有點恐怖，因為這一連串的演技實在太過自然，我想那個教理科的朋友所感受到的異樣大概也是這種感覺。

要是有人說「社會就是這樣」，那也是沒錯，畢竟這個世界就是謊言遊戲，學會處世技巧才能夠讓日常心靈獲得安穩。

但這種處世術的演技、偽裝的自己、角色設定之類的，這些東西介入親密關係太多了吧？

在意著他人目光、保持適當的距離感與關係，實在是個天真敏感又苦悶的世界，但同時也是個穩定的世界。而讓這種奇妙的平衡動搖的東西，對於好孩子症候群的年輕人來說就是「壓力」。

話又說回來，讓年輕人如此強制自己「演戲」，並且「害怕」脫離那個演技社會的東西，究竟又是什麼呢？

Chapter 5

在求職時也會發作的好孩子症候群

一心追求穩定

負責面試的人員感到煩躁的原因

如第二章所述，大家已經明白對於好孩子症候群的年輕人來說，完全的平等是有多麼重要。反過來說，造成差異的行為，比方說競爭，是非常令他們討厭的。

但現實社會根本無法如此，沒有競爭的世界根本就不存在。恐怖的大叔們都是這麼說的。

本章就將焦點放在對於年輕人來說最大的競爭活動，也就是求職。或許各位讀者當中，已經有人以資方的身分曾經與他們接觸過，是否有很多人在當時因為根本搞不清楚現今年輕人的真心，而感到相當煩躁呢？

機會難得而想著「至少多聊些對雙方都有意義的話題」所以問了各種問題，卻得不到什麼反應。負責面試的人很快就感到不耐煩，只能一邊流著冷汗一邊自己說下去。

之後還會不斷告訴自己：「學生們相當認真聆聽我說話，太好了。」然後向同事報告：「最近的大學生真是認真又老實呢。」如果你是這樣，那就完全中了學生們「極度擅長請人代勞」的招數。

近年來，想錄取人才的公司也為了實踐雙向溝通，並且想要至少表現得像是間很棒的公司，所以開發、使用多樣的面試方式，遊戲性高的分組討論就是典型例子之一。

然而最近的大學生已經習慣和同學討論了，因為他們從小學時代就受到大量相關訓練。換句話來說，他們已經建立好分組討論的通用解答。

直覺敏銳的面試官馬上就會感受到，這種使用通用解答的對話相當異常而且空虛。「實在搞不懂最近求職的學生到底在想什麼，這個活動有意義嗎（還是應該當成是用來宣傳公司的一環呢）？」

有哪些職前訓練

絕對不會展現真心話以及個性，要表現的話一定是依循通用解答的「個性」，也就是創作出來的虛偽「真心話」。就算面試官想好好面對來求職的學生，但在他們高明的演技之前，這種願望也輕鬆就被抹除。

就算腦袋一隅知道這樣根本沒有意義，但還是會如此發問：

「那麼你有沒有想知道什麼事情呢？不管多麼基礎的事情都可以喔，畢竟你們是大學生，不知道也是理所當然。」

這種時候一定會得到這樣的提問：

「是的，那麼我想請問，貴公司有哪些職前訓練呢？」

唉唷怎麼又是職前訓練啊？

可想而知，負責人事工作的同仁肯定會覺得灰心喪志。在企業說明會當中最常被提出來發問的問題之一就是「職前訓練」，這在日本社會是相當有名的事情。雖然這絕對不是我的錯，但身為大學老師還是覺得有點不好意思，真的非常抱歉。

尤其是最近的大學生，開始傾向於認為公司是「有著牢靠固定的結構」這樣的組織，當然這也算是他們的期望。這類感覺體現在他們的提問上，類似的問題還有：

「什麼樣的證照能夠活用在工作上呢？」

「想要到有意願的部門，分發系統是怎麼運作的？」

等等。

大家是不是都只聽到這類問題？

通常要考證照的話，有需要再考就好了吧。部門分發有大半都要看公司的安排，只有一半機率是評估員工意願。難道你們真的認為只要做固定工作就能拿到薪水嗎?!你大學都畢業了吧！

我都能聽見大家內心的呼喊了。

當然這種心聲是不可能說出口的（各位讀者都是大人了），對於社會來說，年輕又便宜的勞動力是不可或缺的。也就是說，求職活動就是學生和企業互相欺騙的場合。好啦，用演技一決勝負吧。

是否需要穿面試用的套裝

稍微換個話題，每到春天求職季，社會上肯定就會討論起究竟是否需要穿面試用的套裝這個問題。

一開始引發討論的起點在於：「當然不需要吧，都已經說面試是要盡量展現自己啦，從自我推薦到進公司的動機都要說出來，為什麼只有服裝要那樣毫無個性啊，太難理解了吧。」

實在非常理所當然，因為太有道理了，所以有相當多人贊同。而這些高聲贊同的聲音主要來自於企業（嗯？不是大學生嗎？如果你這麼想的話，接下來會猛烈加速，還請繫好安全帶）。

誤解的人確實很多，但其實規定要穿西裝的企業是很少的。甚至可以說那些高喊不要穿西裝、可以穿自己衣服的都是企業而非學生，這種情況已經很久了。

我記得最清楚的就是二〇一八年，朝日新聞公司人事部發的 Twitter 文章。

「各公司人事部門，大家要不要一起發表『不必穿面試套裝來』的宣言呢？面試官想要看到面試者的個性，而服裝也是表現方法之一。（以下省略）」

（二〇一八年三月二十六日　朝日新聞公司人事部）

為何會讓人留下如此強烈的印象，正是因為一間公司的人事部門使用學生取向的社群溝通工具，發訊息給其他公司的人事部門。

這則推文有許多其他公司的人事部回應「贊成」、「本公司也不會因為面試的服裝而加分或扣分」（大家都會看其他公司的推文呢）。

現在甚至有很多企業在發面試通知的時候會加上「可穿平時服裝」、「服裝自由」等句子。

有時候會有看了這種訊息的學生來問專題老師（也就是我），或者是問學校裡負責協助求職的部門負責人意見。

「面試通知上面寫著『服裝自由』，我真的可以相信嗎？」

以我來說，我不會直接回答，而是會問他們：

「〇〇同學討厭穿套裝嗎？」

這樣一來，我的學生會如此回答：

「如果是不穿套裝就扣分的公司，老實說，就算錄取了我大概也會馬上辭掉。」

「那不穿套裝的話，你要穿什麼去？」

「就是整整齊齊、乾乾淨淨的吧。」

「你這不是就有結論了嗎？我超贊成，你就那樣去吧，加油！」這樣推他一把。

但這類學生真的不多，每年還是有超過九成的學生穿著面試套裝。

讓我們問問那九成的意見好了，以下都是大家對於「〇〇同學討厭穿套裝嗎？不穿套裝的話打算穿什麼去？」的真實回答。

「我覺得大家都穿套裝，只有我不穿的話實在很不好意思，而且搞不好面試官會覺得很奇怪，穿平常的衣服風險太高了。」

「工作畢竟是很正式的事情，穿平常的衣服很奇怪。」

「跟其他人穿一樣的比較輕鬆，大家應該都是這麼想的吧。」

「我日常的衣服沒啥品味。」

「這麼說（可穿平日服裝）只是企業想要展現風格吧？表現出他們是氣氛很好的公司之類的。」

「先前去面試的公司在通知上寫著：『面試時請穿套裝，本公司想知道的是你的人格、思考方式、意願及潛在能力，而非你的服裝。』我覺得這相當有道理。」

雖然也有些挺不錯的回應，但幾乎都可以簡化為第一個意見「穿日常服裝的風險太高」。

我去問過大學學生會，聽說目前的面試套裝「男生過半數是黑色或者接近黑色的深灰色素色、女生幾乎全部都是黑色素面」。

想想以前，至少女生還會穿比較明亮的灰色或者綁個絲巾之類的，現在變得更加整齊劃一了，據說全面黑色化是在二〇〇〇年前後。

在我求職的一九九〇年代經常看到伴隨著「凸顯出你的個性」、「拉出與周遭的差距」、「能幹男人的強悍服裝」這類口號的高級品牌訂製套裝廣告。與那時相比，顯然男性的穿著也越來越統一了。

爲了誰而穿面試用套裝的

為什麼面試套裝會越來越單調呢？這究竟是誰的選擇？

首先關於這個「誰的選擇」方面，我想讀本書至此的各位應該已經明白了，那就是年輕人自己。

現在的年輕人，大多數都只想與其他人一致。越是重要的場合，就會越努力花費心思讓自己成為埋沒在一百人當中的一人，其中最具象徵性的元素就是面試套裝。

許多專家認為，面試的服裝越來越單一化是起因於高度競爭的求職環境。尤其是女孩子的套裝開始失去多樣性時，正好是第二次就業冰河期左右，所以她們會盡可能為了不要被扣分而重視起服裝。

然而之後有兩段較長的景氣恢復時期，一直到面臨新冠肺炎疫情影響經濟之前，再兩個月就能夠達到戰後最長的景氣紅燈[12]，求職市場也是空前對求職者有利的狀態，然而面試套裝還是越來越單調。

年輕人不會根據社會情勢來行動，對他們來說，當下自己周遭的氛圍就是一切。

履歷表也逐漸單一化

現今的大學生只要對事情感到有所迷惘，就會依賴網路資訊。因為好孩子症候群的年輕人們，覺得網路上有答案。針對面試套裝，有個網站是這樣寫的。

給將要前往面試的各位大學生

面試時，穿著的標準是「不被扣分」。還請務必刪除所有可能變成負面因

12 景氣燈號分為五種顏色，「綠燈」表示當前景氣穩定、「紅燈」表示景氣熱絡、「藍燈」表示景氣低迷，「黃紅燈」及「黃藍燈」二者均為注意性燈號，須密切觀察後續景氣是否轉向。

素的東西，比方說有顏色的襯衫、有條紋圖樣的西裝等，一個不小心可能會讓面試官覺得「只是個學生卻這麼囂張」。負責面試的人有這種想法的機率並非為零。

同樣的，如果搜尋「求職　日常服裝」的話，也會出現相當多提出建議的網站，在求職方面就連「日常服裝」都變得非常單調。

話雖如此，面試時的服裝仰賴網路資訊這點也還能理解，但是就連展現個體差異和自我表現用的履歷表，都有嚴重依賴網路資訊的傾向。

我想大家都知道，履歷表是用來打開就業大門的東西，學生最一開始能接觸到企業的機會通常是實習說明會，不過在那之後通常都要馬上（或者是同時）提交履歷表，企業會根據履歷表來進行第一次審查，通過的人就會進行第一次遴選。順帶一提，最近實習競爭率比正職競爭率還要高。

寫在履歷表上的內容，主要是基本的個人資料、幾百字的自我介紹和進入公司的動機。根據企業不同，需要多深入的部分可能也不同，比方說有些公司會要求列出尊敬的人、也有案例是要學生錄兩分鐘的影片來表現自己。

而大學生依賴網路資訊的部分就是「幾百字的自我介紹和進入公司的動

機」。在某個求職網站上，有許多以前參加某某公司實習最後得到預定錄取的人，刊載了他們當初寫了些什麼、面試時如何回答等，當然幾乎都是匿名發表。

就算告訴年輕人們「你很優秀，自己寫就好了」也沒用，就算是他們花費一星期準備的文章，只要網路上出現一點風向不太相同的資訊，他們就會感到心慌意亂、馬上把自己的文章換掉。

若是你看到這樣的學生，肯定會想這麼告訴他們吧：

「如果有很多人（對手）看了那個網站，大家的文章都一樣，這樣會變成沒有差異、會落選的。」

「企業想認識你本身，並不是覺得你應該提交『正確』答案。」

但這完全是白費唇舌，我建議你不用這麼做，更糟的是可能獲得反效果。

畢竟「想認識你本身」這句話對於這些希望能夠隱身在一大群人當中、淹沒在一百人當中的年輕人來說，實在是過於恐怖的一件事情。如果是想讓自己與他人有差異、想表現自己的年輕人，一開始就不會去網路上找答案。

公務人員超受歡迎的真實理由

二〇二一年，父母親希望孩子未來從事的職業第一名是公務員，而且不是中央政府的公務員，是地方公務員。最為理想的當然就是老家所在地的縣市政府，如果因為就職地點而必須分開住，至少沒有離開自己原本所在的縣市就還算安心。

唯一遺憾的大概就是不能向大家炫耀自己的兒子女兒吧。

雖然大家從以前就不太喜歡公務員，到現在光是提個「我兒子在縣政府上班……」都很容易遭人欺壓。兒子女兒要買房的時候，還得告訴他們絕對不能太過氣派。

二〇二一年，對於大學生來說，憧憬的職業也是公務員，而且也一樣不是中央政府公務員，是地方公務員。第一名是政令指定都市[13]的市公所，這樣一來可以住在都市中心，而且不會被調到鄉下。第二名的條件差不多，不過是有可能被轉調到偏鄉的縣市政府。等到將來成家，也會想在郊區買個房，當然不可能太過顯眼，甚至只要價錢尚可、小小的就可以了。

有許多大型公司，特別是人力資源、保險和教育性質的公司，（也算是幫自己公司宣傳）每年會發表針對小學生到大學生做為調查對象的「想從事的職業排行榜」。無論是哪個調查，大學生的數據結果都是公務員獨占鰲頭，連針對高中生調查的結果，公務員也還是第三名。

根據邁那比（Mynavi）股份有限公司的「邁那比二〇二二年度畢業生公務員印象調查」指出，希望成為公務員的學生當中，想當的公務員種類百分比分布依序由「地方公務員（市鎮鄉里政府）67.0%」和「地方公務員（縣市政府）52.1%」成為遙遙領先的前兩名，而且連續三年有大幅增加的傾向。和同為公務員的「中央政府公務員（行政人員）17.8%」和「教職人員9.3%」有著相當大的差異，且這兩項已連續三年持續減少。

近年來地方公務人員實在太受歡迎，因此接二連三有大學生就算考過了難度比較高的「中央政府公務員（行政人員）」考試，還是放棄這個資格前往縣政府或市公所上班。雖然在政策立案和行政指示系統上，中央政府的地位明顯比地方政府高，但看來這個結構並不影響他們的決定。應該說正因為是這樣的

13 是日本基於《地方自治法》指定的城市自治制度，其基本條件為全市人口五十萬人以上，獲指定者能擁有較其他市更多的地方自治權力。

結構，所以地方官職更受歡迎，畢竟他們可是不想自己提出任何意見也不想下指令給別人的好孩子症候群年輕人呢。

因此日本全國所有大學院校都很流行展示出學生成功就任地方公務員的成績，也有很多私立大學會開設自家的（地方）公務員考試講座。

我要聲明自己並沒有攻擊公務員的打算，這裡想要思考的是，為什麼大學生會想成為地方公務員。

大多數人有些誤解公務員受歡迎的情況，還請大家看看下面的資料。

這是前面介紹的「邁那比二〇二二年度畢業生公務員印象調查」的另一份結果，內容是詢問他們想當公務員的理由。結果依照得票率順序分別為「穩定」（67.2%）、「休假和福利都很充足」（40.5%）、「社會貢獻度高」（38.2%）、「薪水待遇好」（37.4%）、「工作可以親近地方」（33.2%）。

根據這個結果看來，邁那比表示：「（除了持續性的穩定度以外）『社會貢獻度高』和『親近地方』這兩方面對於學生來說，吸引力比去年還要高，可以明白新冠肺炎的流行也是學生希望成為公務員比例提高的原因之一。」

這實在是相當積極正向的解釋，但這樣就能說是疫情的影響嗎？而且問卷調查這種東西乍看之下客觀，其實根據問題和選項的設定不同，結果就會有所不同。這份問卷在選項的設定上也流於表面，因此對於結果的解釋就會帶著偏見。

對他們來說的「穩定」

重點在於，對現今的大學生來說「穩定」是在於哪方面。

圖表5－1是同為邁那比發表的「二〇二二年度畢業大學生求職意願調查」結果。根據此結果可知，求職活動中學生選擇企業的重點在於「公司穩定」，為42.8%的百分比獨占鰲頭。

而「有工作意義的公司」和「將來有發展的公司」這種感覺應該還頗受歡迎的選項，反而只超過一成一點。

這個調查結果相當值得思索，所以我們再仔細看看。圖表5－2顯示二〇〇二年度畢業到二〇二二年度畢業之間的每年變化，如圖表所示，長期以來穩坐第一名寶座的「能做自己想做的工作的公司」在二〇二〇年第一次被「穩定的公司」超車。

仔細看看，「穩定的公司」大概在十年前左右就超過了「有工作意義的公司」，順帶一提「薪水好的公司」和「假日、休假多的公司」這幾年也持續上升。

5-1 ｜選擇企業的理由

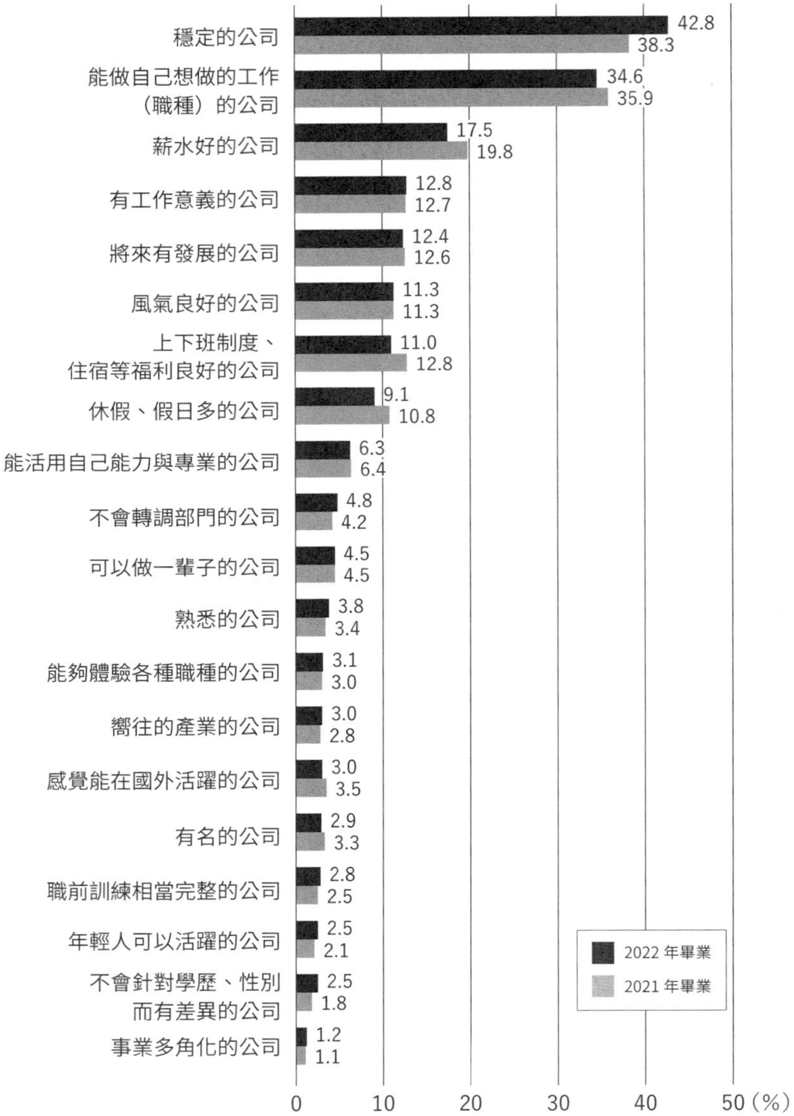

◆ 註：受訪者選擇兩項回答。

◆ 引用自：邁那比「邁那比 2022 年度畢業大學生求職意願調查」（2021）。

5-2 | 選擇企業的理由（年份變化）

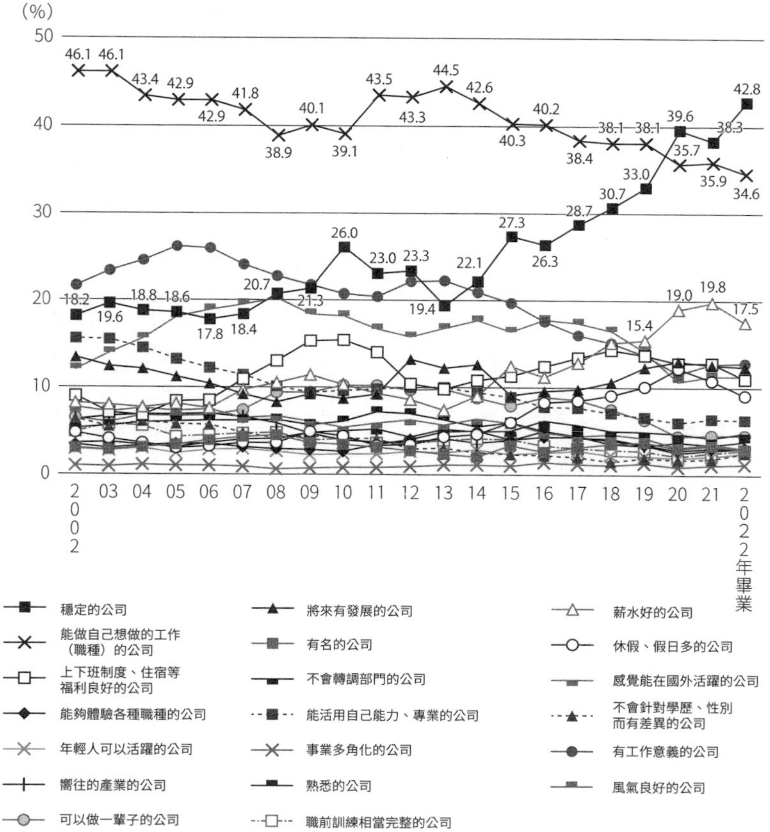

- 註：受訪者選擇兩項回答
- 引用自：邁那比「邁那比 2022 年度畢業大學生求職意願調查」（2021）

5-3｜選擇企業的理由（文／理組、男／女分開）

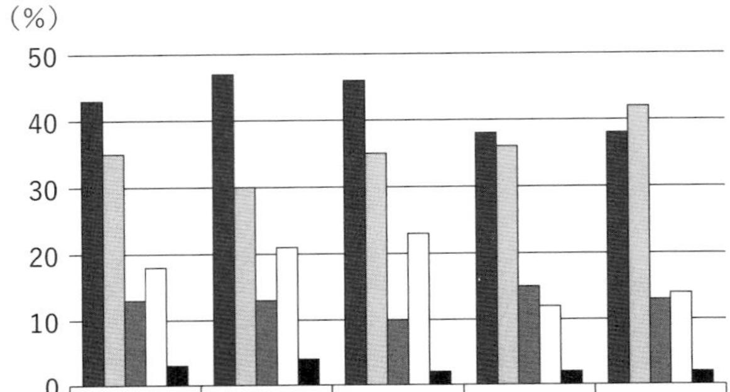

	整體	文科男性	理科男性	文科女性	理科女性
■穩定的公司	42.8	46.6	46.4	38.3	38.0
□能做自己想做的工作的公司	34.6	30.0	34.7	36.0	41.8
■有工作意義的公司	12.8	12.5	10.4	15.1	12.7
□薪水好的公司	17.5	20.6	22.6	12.1	13.8
■年輕人可以活躍的公司	2.5	3.5	2.0	2.2	1.7

◆ 註：受訪者選擇兩項回答。
◆ 引用自：邁那比「邁那比 2022 年度畢業大學生求職意願調查」（2021）。

根據邁那比的調查，還有另一個有趣的結果。圖表5－3是將圖表5－1的男女及文理組分開的圖表，我認為值得玩味的是以下兩點。

第一點就是「穩定的公司」主要在男性中比較受歡迎，男女之間差了八個百分比，另一方面「能做自己想做的工作的公司」結構則相反。剛才有提到二〇二〇年「穩定的公司」第一次拔得頭籌，但那主要是針對男性，在理科女性這方面仍然是「能做自己想做的工作的公司」為第一。

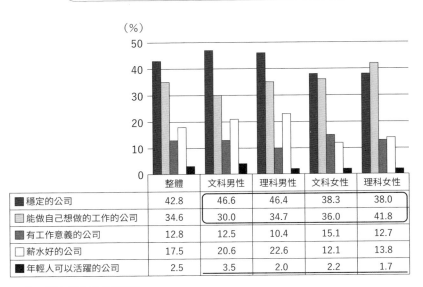

也就是現今的大學生志氣最高、有著自我實現志向的，是理科女。相反的，「有工作意義的公司」如此不受理科男性歡迎也很令人在意。

男女的差異如此之大，這樣的結果也是頗令人震撼的，大家是覺得意外，還是覺得果然如此呢？感覺讀者也會意見分歧。看來男性草食化（這個詞應該也沒人用了吧）的情況仍未衰退。

第二點就是「年輕人可以活躍的公司」數值真是低到令人感到心慌，低到在圖表上根本都快消失了。針對年輕人做這個問卷，結果他們根本不想去年輕人能夠活躍的公司，這就是現今日本年輕人的工作觀。

但也不要忘記，這有一方面是由於他們持續被壓榨，想要保護自己才產生了這樣的結果。「年輕時就能活躍＝黑心公司」這個公式在學生之間算是頗為流傳的。

那麼到此為止大家應該能夠理解，對他們來說「穩定」這個關鍵字相當重要。我想問的是，他們認為什麼樣的狀態或者狀況叫作「穩定」呢？

我想大家應該都會覺得「穩定的公司＝不會倒的公司」吧？這個想法在現今大學生當中也還算共通認知。

另外「不會倒＝大企業」這個想法也相當強烈，而且還有「不知名的大企業＞知名的大企業」這種不等式。

在這方面沒有工作經驗的話，這樣想或許也是沒辦法的事情，不出社會就沒有契機去了解 B to B 企業的強大之處在哪裡。

但是仔細和他們談過以後，就知道對他們來說，其實「穩定」多半也包含著心理上的意義。

周遭不會給人「硬逼你去做什麼」的感覺；上司或者前輩不會緊追著自己不放；感覺都是做固定的事情；不會有人問說「你想做什麼呢」、「你還年輕啊」之類的話。

也就是說，能夠維持心靈安穩這種感覺的「穩定」工作相當受歡迎。

其實這件事情可以從剛才的數據當中稍微窺見。如果**想在穩定的公司大爲活躍**，那麼「穩定的公司」和「能做自己想做的工作的公司」不可能出現如此大的差異（而且邁那比的調查正好把這兩項分開，實在太好了），然而結果卻是完全相反的。

也就是說，現在的大學生大多數認為「能做想做的工作」、「工作意義」等，是和「穩定」處於相對的位置。如果追求的是想做的工作，那是比較傾向表現自我的「那邊的人」會做的事情，也就是並非穩定的工作。

我認為針對大學生心理狀況的討論，這件事情是相當重要的因素。

「畢竟我不是那種人。」

這句話應該有很多大學生馬上就能聽懂。

「畢竟我不是那種人，所以工作意義之類的我實在是不太……還是大企業的行政人員就好了。」

由於這種感覺的風行，所以大企業、公務人員才會大受歡迎。

因此不能夠發生錄用失誤

說起來，這本書應該也會有大學生看吧，整本書好像都在欺負你們實在抱歉（負責的編輯說「把書寫成這樣應該很有趣喔」）。

為了各位大學生，下面還請擦亮眼睛來讀（雖然可能會受到打擊，不過還請撐下去）。

圖表5－4是日本經濟團體聯合會[14]（經團聯）所發表的「高等教育相關

14 日本一個由企業組成的業界團體，由於有眾多大型企業加盟，在日本產業界具有舉足輕重的地位。

問卷調查結果」的部分內容，除了經團聯的會員企業以外，也包含非他們會員的公司，合計總共有四百四十三間公司回答問題。圖表中的數據是請各公司針對他們認為學生需要有的資質、能力、知識，從這些選項中排出第一名到第五名，計算最後結果的方式是第一名五分、第二名四分、第三名三分、第四名兩分、第五名一分。

讓我們來看看結果。

企業要求學生必須具備的資質與能力，不管是文科或者理科，拔得頭籌的都是「獨立性」，接下來是「執行力」、「設定、解決問題的能力」。

我個人認為設定問題和解決問題需要的是不同的兩種能力，但在這裡討論起來有點麻煩，然而獨立性和執行力占據前兩名，這顯示出相當重要的訊息。如前面所述，學生選擇企業的條件以「精神穩定」為第一，而重視「想做的工作」和「工作意義」的學生比例急遽下降，因此結果上來說頗為諷刺。企業想要的主觀意識、獨立性，正是好孩子症候群年輕人最為忌諱又討厭的要素。

另外「團隊工作、協調性」以及「社會性」等屬於溝通能力的指標，長年來都占據排行榜前頭的位置。「邏輯思考」則在其他類似調查中也有相同狀況，名次有緩慢下降的趨勢。

5-4 ｜企業需要的學生資質、能力、知識

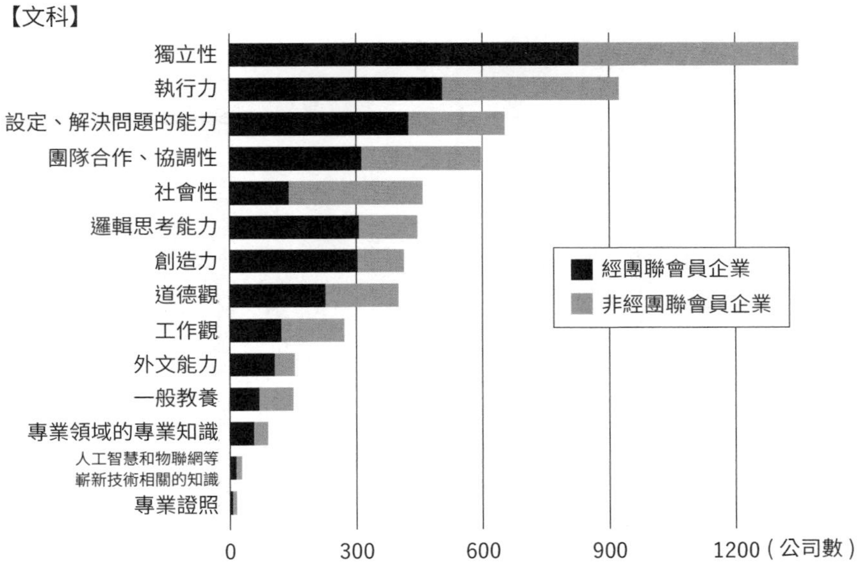

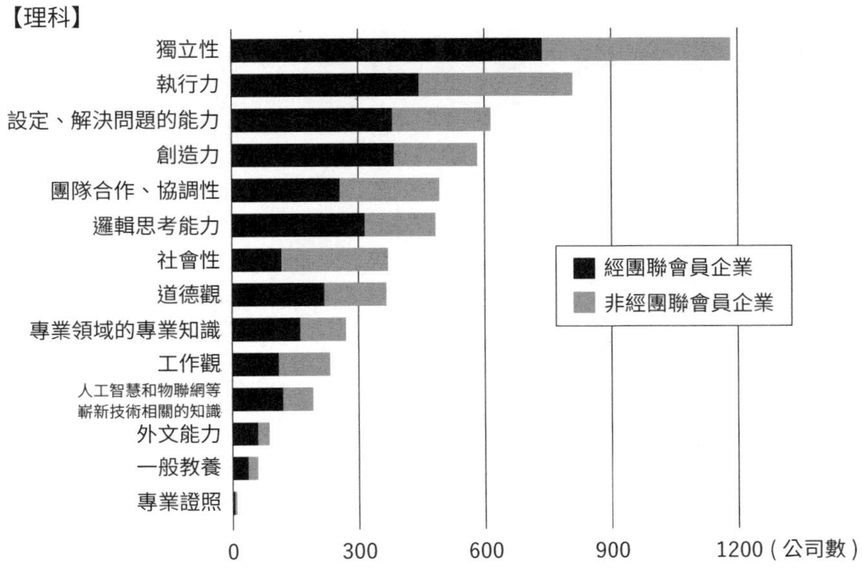

◆ 引用自：日本經濟團體聯合會「高等教育相關問卷調查結果」（2018）。

整體來思考就會發現，由於「穩定第一」為目標的學生比較多，因此能夠接受風險而主動踏出一步的學生就比較稀少、價值也比較高，需求與供給的大原則應該還是會運作的。

然而最難以理解的是，這個差距並沒有朝緩和的方向走。需求與供給的差距原則上會逐漸移動到均衡點，只要有明確的需求，那麼通常應該會反映在供給上，逐漸填補需求。但是不管在數據上還是我個人的感受上，這個差距都越來越大。

這是怎麼回事呢？我思考的假設有以下五個。

①企業雖然非常想要具備「獨立性」及「執行力」的學生，但並沒有設下針對這種學生的明確獎勵機制。

②學生對於「希望能獨立行動」這種訊息認知為企業的壓榨，甚至會避開發出這種訊號的企業。

③近年來（和過往不同）親子感情良好，而爸媽希望孩子穩定的意願影響他們很大。

④對於一直以來都沒有特別想做什麼事情的大學生來說，如今要他們主動

起身行動，實在也不知道要做什麼。

⑤沒有獨立行動的自信。

關於①的獎勵指的是薪水較高、將志願部門列入分發的考量等。如果沒有針對能夠獨立行動的年輕人提出明確的獎勵，那麼學生判斷獨立行動反而不划算、單純是企業的壓榨，那也是無可奈何的事情。

實際上企業雖然說想要「主觀意識強的人」，卻老是拚命找那些能夠消耗自己青春歲月的單純學生，一旦找到了說什麼也得留下那個人，留下來的方法有好有壞、各異其趣，這邊就先省略不談。

但是企業這種想法，基本上都被大部分學生看透，所以學生們就會避開那些要求獨立性的企業，所以接著就是假設②。由於出現這種情況，因此企業們就會爭奪剩下來非常稀有的「能夠天真燃燒年輕歲月，而且還會感謝企業讓自己這麼做」那些學生。

乍看之下風格完全不同的假設③（關係良好親子關於穩定的期望），我認為在現今社會中是個相當有力的假設。本書一以貫之表示目前有許多大學生都是好孩子，老實又認真。如同大家的印象，他們對於爸媽的意見也相當老實，就算內心深處反抗，也絕對不會無視爸媽的意見。

而④（沒有想做的事情）和⑤（沒有自信）之間有強大的關係，尤其是「沒有自信」這點，我會在第七章整合討論。而「沒有想做的事情」這方面，將會在第十章提及。

對於關係從水平轉為垂直感到莫名畏懼

將好孩子症候群的年輕人在求職時，所感受到那種莫名的恐懼化為實體，就是圖表5－5。

自從進入小學以後，他們的世界基本上都被同學填滿。如果有去各種才藝班、游泳課或者補習班之類的，或許也會接觸到上下學年的孩子，但是人際關係網路的最大宗還是同年級同學。

這件事情一直持續到大學畢業，如同我們先前已經看到過的，橫向的平等壓力年年升高。「再怎麼樣也要站在多數派那邊」，橫向連結越粗就越讓他們安心。

大學入學考試中，成績排名不算太差而規模較大的大學一直都很受歡迎，

5-5 ｜由水平轉爲垂直世界

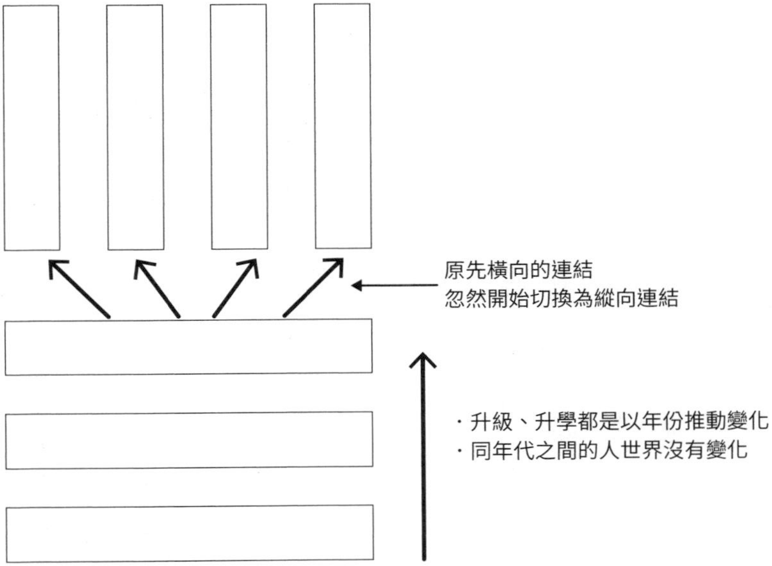
原先橫向的連結
忽然開始切換為縱向連結
・升級、升學都是以年份推動變化
・同年代之間的人世界沒有變化

「重視個性的時代」根本沒有來臨。在學生數量特別多的學校裡，光是同學就有一萬人，一般人或許覺得這樣在求職時要與他人拉出差異相對困難，而感到相當不安；但大多數大學生反而認為同學數量多，這樣子自己就處於多數派的穩定當中。

而就業正是要將他們從這種以水平連結為主的社會，強制轉進上下為主的社會。面臨到面試等求職活動，他們才終於發現自己沒有任何東西能夠讓自己與別人產生差異，畢竟他們一直都處在從眾和平均的壓力容器當中，所以大家求職時都會**瀏覽受歡迎**

的網站資訊，試圖讓自己與他人有所差異。

然而就算是在縱向社會當中，他們也還是希望橫向越寬越好，所以公務員和大企業才會如此受歡迎。總之會有很多同年紀的同事，最好所有人都上同一門研習課程就更令人安心了（不過公務員不會一直受歡迎下去，因為年輕人討厭競爭，這種想法會造成心理拉鋸）。

與同儕商量上司的問題

就算求職的時候超級害怕，但最後還是進了一間公司，他們的氣質也不可能馬上就改變。

水平世界就是他們的全部，外面就是其他世界，上司根本就是外星人。

這種時候如果被主管問了問題要怎麼辦？

比方說旁邊有好幾個同期進公司的同事，但主管指定自己回答問題。

「針對最近年輕人使用社群網路的情況，你有什麼想法？」

這種時候，好孩子症候群的年輕人馬上會想，該怎麼回答才是正確的。

統計上最多的反應就是「僵住」，跟在森林裡遇到熊是一樣的。

這並不是因為他們正在拚命思考，正確來說是讓人覺得他們看起來像是在拚命思考。如果僵住的話，對方應該會有某種反應，視情況對方可能會直接說出答案，又或者是取消這個問題，無論如何都能逃過一劫。

他們在國中、高中、大學都學習到「僵住效用」這個經驗，正確做法就是等到對方放棄。

接下來最多的情況就是：

①笑著（打造出這種氣氛）回答些什麼。
②反問問題。
③小聲向旁邊同期進公司的同事求救。

這三種。

①是就算心裡沒想到什麼好答案，但至少能夠看得出來他們想重視現場狀況，所以還算是比較可愛的。

②的話回問的問題大概都是重複自己被問的問題，完全只是拖延時間。這

種人大多比較自卑、虛張聲勢，身為大人的你千萬不能跟他生氣，必須放鬆心情回應他。

最難理解的就是③了吧，發問的人可能會傻住，完全不知道該說些什麼。這種時候居然跟旁邊的同齡同事搭話？也太沒有進入社會的自覺了吧。應該說，你是小孩嗎？

我自己在大學工作，也感受到大學生的精神上有逐年年輕化的傾向。尤其是這種情況下，他們完全沒有「對對方很沒禮貌」這種感覺。

我想大家肯定會忍不住生氣：「喂！我是問你耶！」

嗯，當然會想這麼講吧，雖然真的很想開罵，不過我想大部分主管都不會說出口。畢竟大家都是能好好理性思考才成為主管的，所以腦中一定會閃過「要是我這麼說的話，這傢伙可能明天就不來了」（果然各位都是大人）。

無論如何，好孩子症候群的年輕人們在面對上司或者前輩的時候，習慣當下思考怎麼做才是正確的。基本上來說，就是讓對方看到認真且有思考的模樣。

另一方面，他們對於同年進公司這類同一個世代的人，會維持一種表面上的輕薄關係。

順帶一提，若問他們對於晚輩抱持何種情緒，那也是「可怕」（又是恐懼）。

我想理由可能不用我多說了，畢竟晚輩也是外星人，是前所未見的存在。

要是沒有任何反應怎麼辦？要是對方很優秀怎麼辦？要是他討厭我怎麼辦？大概是這樣。

大家能夠了解他們的世界有多麼狹窄了吧。

不過年輕人的溝通不良情況，有時候可不是笑笑帶過就好。最嚴重而且最常發生的情況之一，就是年輕人手上有一份他完全不知道該怎麼做的工作，就這樣一直放到無可挽回的地步，我這幾年來經常聽說這類事情。

其實馬上找主管或者前輩商量根本就不是什麼大問題，但他們卻遲疑著無法這麼做，就這樣自己煩惱，最大的理由正是「萬一他們覺得我怎麼連這種事情都不知道怎麼辦」。

雖然我們會很想說，不找人商量就這樣放在一邊，難道無法想像那件工作會變成怎樣嗎？但對於好孩子症候群的患者來說，被別人認為「連這種事情都不知道嗎」還比較嚴重。

當然像這種事情，他們會趕快與同儕（通常是同年進公司的人）商量，不過對方也是新人啊，不可能馬上順利提出解決方案。結果又只能自己煩惱，但倒數計時的秒針仍然繼續前進。

年輕人對於「工作與生活取得平衡」的誤解

本章最後稍微轉換一下觀點，請大家思考一下所謂的工作與生活平衡。雖然這好像是比較新穎的說法，不過同樣的事情在不同世代和立場的解釋都不太一樣。

當然重點就是在於找到工作和私人生活之間的平衡，但是對於好孩子症候群的年輕人來說，工作與生活平衡同時包含著「不要拚死工作、不要比別人努力」或者是「輕視那種努力」這種感覺。

不久前有一份「最近的年輕人連課長都不想當」的統計數據廣為流傳，這份資訊已經算是落後時代了。

在日本生產性本部[15]的「新進員工『工作意識』調查」當中，針對「想要升到哪個職位」這個問題，和十年前相比，增加最多的答案是「隨便」。現在就是如此，已經不是不想出人頭地的程度，而是根本不在乎。

由於他們有這樣的傾向，因此對於工作的意願相當低落，也有很多論調認為理由在於「現在的年輕人比較重視工作與生活平衡」。比方說，大概是下面這樣。

最近的年輕人當中，有越來越多人沒有特別想做的事情。另一方面，他們又想讓私生活的時間過得比較充實，為了豐富私生活所以才想工作，時下的年輕人是這麼想的。因此在選擇企業的時候，也最為重視工作與生活均衡，簡單來說就是薪水還不錯又能早早下班的公司。

又或者是這樣的感覺。

現在的年輕人有著相當多樣化的興趣，目前的時代已經不像以前每個人都要有車，而是大家更重視個人自己喜愛的事物。因此在思考工作方式的時候，確保有足夠的時間能花在興趣上變成最優先條件，這就是時下年輕人的工作觀。在企業選擇方面，最多人提出的條件是能夠拿到一定程度薪水且穩定的公司，

15 日本的民間組織，成立於一九五五年，進行有關社會經濟制度和生產力問題的研究，並收集和傳播相關資訊，為政府和民間企業之間很重要的媒介。

想來也是考量到要將時間花在興趣上吧。他們在該節省的地方會徹底節省，但在喜歡的東西上卻不會省錢。

大家覺得如何？上面看起來很像是引用專家論述，但其實完全是我的創作，不過大家應該覺得好像在哪裡看過吧。

然而世間流傳的這些論調，包含了兩個重大誤解。

第一個誤解，就是認為年輕人覺得私人時間的重要度比較高，所以對於工作的意願才會低落。

若問誤解點在哪裡，其實就是「現在的年輕人積極取得工作與生活的平衡」這點。比常人努力＝傾向自我表現的那些人，而重視工作生活平衡＝其他人，大概會這麼認為吧。

但請大家仔細想想，在好孩子症候群的眼中看來，會**積極**爭取工作和生活平衡的時候，就已經是重視自我表現的人了。想重視私人時間、想讓私生活更加豐富這類「想要〇〇」的表現手法，本身就是自我表現的證據，根本就不像是好孩子症候群會做的事情。「積極取得工作生活平衡派」完全是大人打造出來的假象，要我說的話，「想要好好重視自己的時間」實在是相當積極的事情。

好孩子症候群的年輕人，他們的思考中心比較偏向「不想〇〇」，也就是傾向迴避風險。

第二個誤解，就是對於私人時間的解釋。在剛才假的引文中，我介紹了「年輕人的喜好多樣化」這種「專家」意見。

但實際上這種可能性很低。

能夠不吝惜將金錢花費在自己喜愛之事上，在我看來還是那種少數比較傾向自我表現的人會做的事情。除了工作以外也熱中於做些自己想做的事情，在旁人眼中看來應該是相當有活力。

那麼大多數年輕人在私人時間都在做些什麼呢？簡單來說就是遊戲、YouTube、Amazon Prime Video、Netflix，還有社群網站，而且這種情況還因為疫情之亂造成大家只能待在家裡而加劇了。

啊？就那些嗎？你可能會這樣想，但真的就是那些。我再說一次，本書當中討論的好孩子症候群的年輕人們，沒有特別想做什麼事情。如果有著絕對不輸給別人的興趣，那種人應該會老實努力工作，在某方面來說，那種人心中有一個主軸，所以不會變成陰沉傢伙、也不會情緒不穩定。

職場的聚餐會參加

最近的年輕人相當重視私人時間，對於工作和出人頭地都沒有興趣。明明沒有興趣，但是參加職場聚餐的比例，反而從以前逐漸減少的情況逆轉為逐步增加（圖表5－6）。許多專家都對此情況感到苦惱，不知該如何解釋。

最近的公司新人如果遇到有人邀請他們參加聚餐，他們是不是都會回「有加班費嗎」那種話啊？或許有人會這樣想。

但仔細想想很簡單，會用那種方法拒絕的人，就表示他們的自我意識相當明確、有著不可撼動的堅強意志，好孩子症候群的年輕人身上可沒有那種東西。

他們有的就只是在表面上配合周遭之人的超高協調性，這樣才叫好孩子。而且近年來的聚餐跟以前不一樣，不會太過黑心。沒有什麼「大家一起乾杯」之類的活動，也不會要年輕人拿著水壺幫大家倒水，更不需要掌握上司們家住何處，然後在巧妙的時機幫他們叫計程車。只需要稍微配合一下其他人，吃個飯然後回家就好了。

5-6｜是否參加職場的聚餐

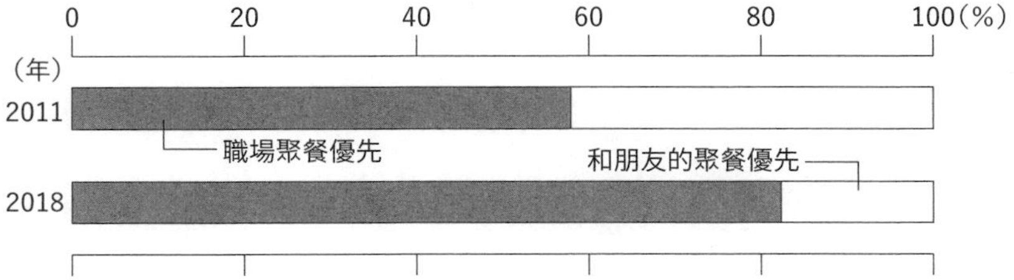

◆ 引用自：日本生產性本部「新進員工春季態度調查」(2018)。

圖表5－6的現象，其實並不表示他們開始重視工作或職場的人際關係，而是因為他們沒有拒絕的勇氣。而且近年來的公司聚餐也大多比較能夠單純以客人的身分參加，這樣的說法比較恰當。

Chapter

6

如果有人拜託
那還是會去做

對於貢獻社會的扭曲憧憬

年輕人的工作觀四條款

本章變換一下敘述方式，就先告訴大家結論吧。

好孩子症候群年輕人們的工作觀，整合起來大概是這樣的：

- 總之很在意他人目光、不競爭，但想活用自己的能力。
- 拿尚可的薪水、不加班，但想用自己的能力貢獻社會。
- 雖然不會自己積極行動，但希望能活用自身的個性工作並且因此受人感謝。
- 雖然說是要貢獻社會，但也不是對於那些自己看不到的人盡力，總之就是想做些會有人對自己說「謝謝」的工作。

我想介紹一個相當值得玩味的數據給大家，日本生產性本部每年都會針對新進員工進行調查，因為真的相當有趣，所以我經常引用（圖表6－1）。

根據他們的調查，針對「當初選擇該公司的時候，你最為重視哪件事情」

6-1 ｜選擇公司時重視的因素

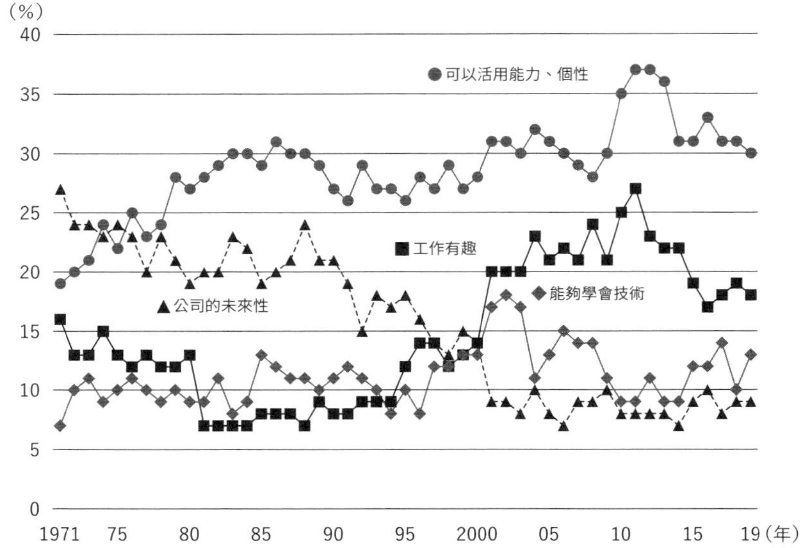

◆ 引用自：日本生產性本部「新進員工『工作意識』調查結果」（2019）。

這個問題，二〇一九年得票率最高的回答是「可以活用自己的能力和個性」占了約30%；相反地，選擇「公司未來性」的人則逐年減少。這是否表示他們不想依賴公司，而是傾向於活用自己的能力和個性呢？

如第五章中介紹的，現在的年輕人基本上傾向於對升遷沒有興趣，「不想有職稱」、「隨便」的人越來越多，尤其是女性當中這兩種選項加起來比例就高達整體的三分之一。看起來似乎是想著，與其在公司內出人頭地、自己率領一個團隊，不如在公司交付給自己的工作上發揮自己的能力和個性。

日本生產性本部的調查當中，同時還有針對「是否想比別人工作得更多」這個問題，而選擇「跟別人差不多就好了」的數量超出選擇「做得比別人多些」的數量，高達兩倍以上。

統整下來就是，他們雖然想做能夠活用能力與個性的工作，但並不想成為領導者或者專業人士，當然工作量也跟其他人差不多就好了。就是這種情況。原來如此。

新進員工的工作目的與社會貢獻意願

接下來請看圖表6－2，一樣是日本生產性本部針對新進員工詢問「想透過工作過著什麼樣的生活（自己的工作目的比較接近以下哪個想法）」的結果。

這個調查最值得玩味的，就是從很久以前就一直有進行相關的統計，因此可以觀察到相當長一段時間中的數據變化狀況。這裡的資料我們從一九七〇年代放起。

6-2｜想透過工作過著什麼樣的生活

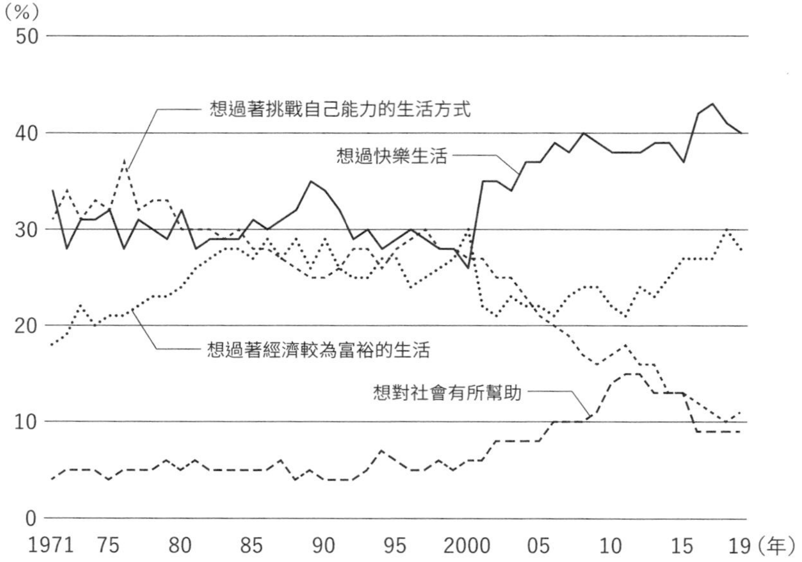

◆ 引用自：日本生產性本部「新進員工『工作意識』調查結果」（2019）。

一九七〇年代前兩名是「想挑戰自己的能力」、「想過快樂生活」，而「想在經濟上富裕一些」緊追在後；到了一九八〇年代，「想在經濟上富裕一些」追上了前兩名。三強鼎立的時代大約持續了二十年，雖然中間「想過快樂生活」曾經高於其他選項，不過趨勢上沒有太大變化。

在進入二〇〇〇年代後，突然開始產生巨大變化，具體來說就是「想過快樂生活」大幅超越其他選項，穩占第一名寶座；而原先能夠與之抗衡的「想挑戰自己的能力」以及「想在經濟上富裕一些」則一起下降。

到了二〇一〇年代，「經濟富裕」這個選項總算復活，開始有上升傾向；然而「挑戰自己的能力」則是直直下墜。

另外，前面沒提到的「對社會有幫助」選項在一九九〇年代前簡直跟不存在一樣，到了二〇〇〇年忽然緩慢上升，最近則有略為下降的趨勢。

在此我想稍微深入探討一下「對社會有幫助」，理由是：①其他調查中也顯示出年輕人對於社會貢獻議題相當關注。②在面試等求職活動中經常出現「社會貢獻」這個關鍵字。③年輕人對於「社會」和「貢獻」的解釋已經急遽產生變化。尤其是第二點，我想身為面試官的人應該都能感受到吧。

問題在於，對年輕人來說「社會貢獻」所指爲何？

對於好孩子症候群的年輕人來說，什麼是社會貢獻呢？

在此我也先告訴大家結論吧。

就是有人幫他準備好「貢獻的舞臺」之後進行的活動。有某個人負責任、有某個人幫忙調整、還有某個人決定事情，然後他只需要發揮自我本色把別人幫忙準備好的東西做完，這樣就是社會貢獻。

而且事後還會有人跟他說「有你在真是太好了，平常真是謝謝你」，這就是社會貢獻。

相反的，絕對不是自己做些什麼或者決定些什麼，那是自我表現者「那類」人所做的事情，絕對不是「我的社會貢獻」。

……。

你讀到這裡是不是僵住啦？

本章的任務就是要反諷全開，讓大家笑著讀時下年輕人面對工作的心理狀態，所以這時候你不能僵住，要大笑才對。

話雖如此，為了有些實在是笑不出來的人，接下來還是認真點解說好了。尤其是關於為什麼對年輕人來說，社會貢獻的概念會變成這樣。

接下來要提的是我個人的研究，從中可以發現日本的年輕人和其他國家相比，「社會貢獻的意願」相當高。

要在學術上說明理由還需要多花一些時間，不過我整合先前所聞所見以及數據以後，還是可以提出假設。

我所假設的方程式就是「社會貢獻＝讓周遭之人給予肯定的方式」。

現在的年輕人要付出足以讓人看見的努力會覺得很害羞、又不喜歡競爭，因此在他們所處的環境裡很難滿足他們想被肯定的欲望。尤其是在現實社會中，如果對自己沒有自信，就算是處在被人誇獎的良好情況，心思也都只會放在「擔心周遭之人有什麼樣的想法」。

話雖如此，身為人類，渴望被他人認可的欲望是不可能消失的。正因如此，大家會很在意社群上的「按讚」數量，但能夠以此來滿足「被他人肯定」這個欲望的，只有少數真的非常受歡迎的人。

那麼要在哪裡滿足（如此天真的）被肯定的欲望呢？

那就是社會貢獻。

社會貢獻這個詞彙給人的印象，對於當今的好孩子症候群年輕人們來說實在相當舒適。畢竟是：

①就好像「經濟上的成功」那樣不會讓人覺得拚死拚活。
②沒有競爭。
③不會被批評、沒有優劣之分。
④不需要提出個人姓名、匿名性高。

⑤有著「不需要過於勉強，只要做可行範圍之事」的緩衝。
⑥無條件受到多人感謝。
⑦絕對不會遭受批判。

完美符合以上七個條件。

令人驚訝的強烈自卑感

圖表6－3是我親自踏查詢問大學生以後統計的結果，針對該圖表的十個項目，詢問他們「比較自己和他人，覺得自己大概是幾分？」然後請他們依照「非常糟糕＝負五」然後「非常優秀＝正五」這樣的級距來回答。圖表中平均覺得「比別人差」的項目長條圖往左，感受到「比別人優秀」的項目長條圖往右。

結論上來說，認為「自己比別人優秀」這方面，包含了「能夠理解他人心情」、「體貼」、「經常有人找我商量事情」這幾項。即使就我看來，現在的大學生實在不是那麼充滿體貼與慈愛的團體，不過這終究是他們對於自己和別

6-3｜針對「比較自己和他人，覺得自己大概是幾分？」問題的大學生回答結果

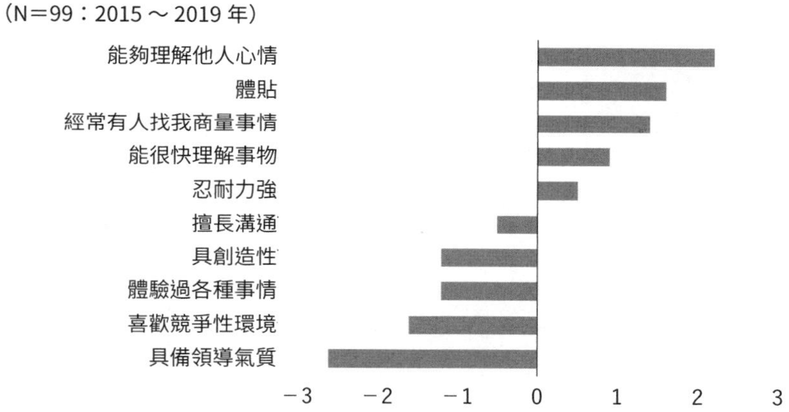

人相比的自我評價。

另一方面，「具備領導氣質」的分數則是低到不行，雖然日本人從以前就一直說我國人欠缺領袖氣質，但假如年輕人們的自我評價也是真實反映現實情況的話，那麼接下來我國可能還要繼續煩惱這件事好一陣子了。

倒數第二個「競爭」在本書中已經提過好幾次，這裡就不多做說明。

另外從結果也可以看出來，大學生普遍認為和別人相比，自己沒有什麼經驗。以他們的調調來說，就是「周遭的人做了各種事情，但我什麼也沒做」，我都不知道聽這種話幾次了。

「那你可以試著做一件事情也好啊，為什麼不做呢？」

「我沒有想做的事情……」

這幾乎是老師和學生的固定問答了，而且還有後續。

「那現在開始也不遲啊？要不要做點什麼？」

「我沒有能做的自信。」

真是有夠麻煩的。

千萬不能這麼想（我這話是說給自己聽）。明明是我問他問題，批評對方的答案是很糟糕的（不過我常常看見這種狀況下會對學生這麼做的人）。

雖然想累積各種經驗，卻又害怕過程而不敢踏出一步，大家得要理解他們這種心情才行。

對於自己沒有自信但想貢獻社會

一般來說，人對於辦不到的事情不會直接說「想做」。在那種情況下，通常會用「其實我想〇〇」或者「我曾經想過要〇〇」之類的方式表達。

我們正在討論的社會貢獻也是如此，如果覺得自己做不到，就說不出「我想對社會有所貢獻」。

也就是現在的年輕人，對於能做出社會貢獻這件事情有（某種程度的）自信。

「唉呀呀，雖然程度有所相異，但貢獻社會其實是很辛苦的耶。」

各位社會人士可能都想這麼說，但還請把話先吞回肚子裡，繼續讀下去。

請重新看一下圖表6－3中分數較高的項目。

可以看得出來現在的年輕人普遍認為自己比較體貼、能夠了解他人心情，而且因此成為能夠讓別人商量事情的存在。

或許有人會覺得「那真是太好了、是很棒的事情啊」，但應該也會有人想：「那是不是覺得自己比較棒的盲點？」實際上全世界似乎有九成人覺得「自己比大部分的人溫柔」。

相反的，「好好面對敵人並掌握勝利！」

「不要過於在意周遭，去追求自己的夢想。」

「你真正想做的事情是什麼？說說看啊。」

就算跟年輕人說這些話，大部分都不會得到回應，他們只會覺得「辦不到」、「沒辦法」、「我才不是那樣」。

當然以下也是假說，不過看起來當今的年輕人對於要化為有形數值、或者交由他人評價的事情都相當沒有自信。相反的，無法與他人比較，或者可以在自己內心總結的東西，（不知為何）就有某種程度的自信。從這方面來看，社會貢獻這件事情正是不會被批判或評價，也不會被區分優劣。

雖然不捐血但想貢獻社會

再繼續討論一下社會貢獻這個議題吧。

在關於社會貢獻的調查當中，我找到一個相當有趣的數據，所以引用給大家看。在坂口孝則的著作《賺錢的人會拋棄成見：擺脫大家的常識，看清日本真相的技巧》（幻冬舍，二〇二〇年出版）當中，介紹了關於義工和捐血的兩個數據。

第一個是引用 Recruit Works 研究所「豐富個人職涯之企業的社會貢獻活動」，其中顯示雖然想對社會有所貢獻的人增加了，但實際上參加義工活動的比例漲幅卻很小。

因此我試著去追蹤原資料出處的總務省[16]統計局「社會生活基本調查」中，義工活動的人數比例。當然數值會因為有無災害或者活動大小而產生變動，但的確長期來看很難說是有增加的傾向。也就是說大家雖然想對社會有所貢獻，

6-4 ｜不同年紀參與義工活動的比率

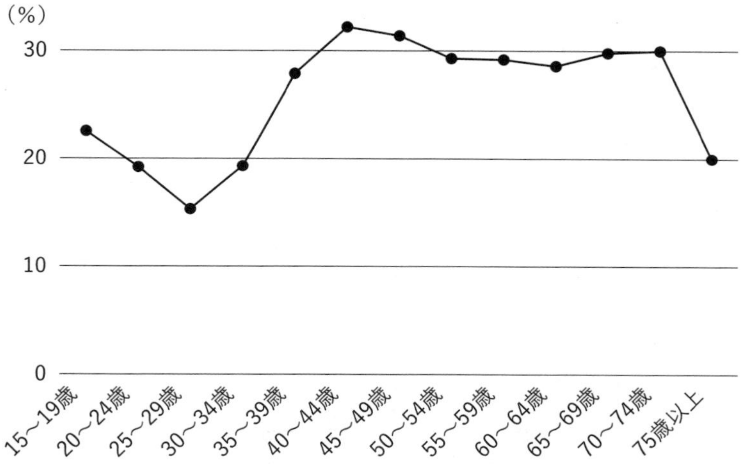

◆ 引用自：總務省統計局「社會生活基本調查」（2017）。

但不是做義工，這樣嗎？

另外更加應該要注意的，是同一份「社會生活基本調查」，其中有針對年齡區分的義工活動者比例，數據在圖表6－4。

參與義工的高峰為四十多歲的人，很明顯二十幾歲的人不太做這種事情，最令人驚訝的是他們的參加比例比七十五歲以上的人還要低。至於十幾歲的孩童，很多可能是跟爸媽一起參加、或者是由學校發起的活動，所以很難說是根據本人意願去參加活動的。

16 日本中央省廳之一，類似其他國家的內政部或民政部。

6-5 | 不同年紀捐血者數暨捐血量年份變化

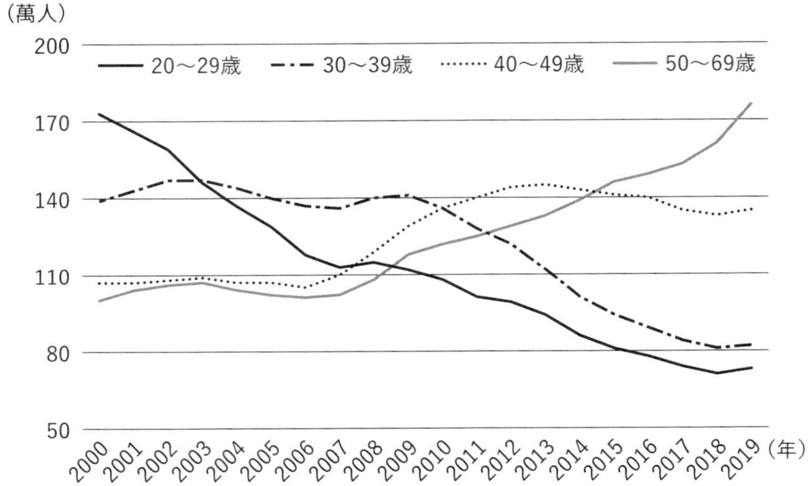

◆ 引用自：厚生勞動省「不同年紀捐血者數暨捐血量變化」。

這的確相當不可思議，想貢獻社會的話，明明去做義工是最適合的，但是二十幾歲人參加的比例卻比七十五歲以上的人還低，這是怎麼回事呢？

第二個資料更令人陷入沉思。講到社會貢獻就會想到捐血，年輕人恢復得快，更何況捐血可以救人一命呢。

所以讓我們來看看厚生勞動省[17]「不同年紀捐血者數暨捐血量變化」，因為真的非常值得深思，所以版面就占多一點，做成兩個表格。圖表6－5是依照時間來觀察不同年紀的捐血者數量變化。

從這個表格可以得知，二〇〇〇年前後二十多歲捐血的比例真的非常高，緊接著是三十多歲的人。但是到了二〇一〇年前後，年輕人和中高齡的比例就逆轉了，現在最多的是五十歲以上的人，而且還越來越多。前後才不到二十年，這個變化實在驚人。

但是我們也必須要稍微考慮一下每個世代的人口數本身產生的變化，二十幾歲的捐血者數量減少，會不會單純只是二十歲的人口減少了呢？

因此我們又重新將捐血者數量除以世代人口數製成圖表6－6，為了方便比較，單純將二〇〇〇年和二〇一九年的數據並排。

這麼一來就可以很明顯看出，用同世代人口比例來計算的話，二〇〇〇年時年輕人的捐血比例是真的很高，二十年前很明顯就是年輕人會去捐血。

但是到了二〇一九年，主要捐血者就變成了四十多歲的人，而二十幾歲的捐血比例則和五十歲以上的人差不多。

再順便多補充說明一下，現在可是比二〇〇〇年那時候還更容易抵達可以

17 日本中央省廳之一，相當於他國福利部、衛生部及勞動部的綜合體。

6-6｜不同年代捐血者數量占同世代人口比例，2000 年與 2019 年比較

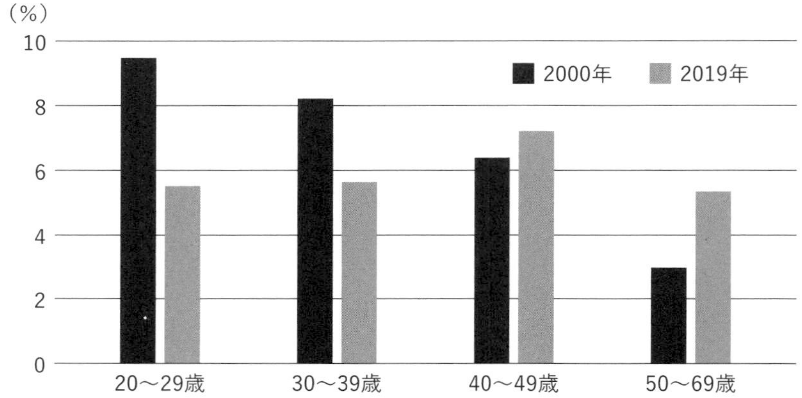

◆ 引用自：厚生勞動省「不同年紀捐血者數暨捐血量變化」。

捐血的地方，而且環境也相當完善，營業時間、是否有人在排隊等資訊都可以用智慧型手機查詢，工作人員都相當俐落一個接一個處理；休息區也非常舒服，還能喝很多果汁（先前我捐血後還拿到冰淇淋！）。

由以上結果看來，就如同前面所提到的坂口先生說的：「日本人的心態已經變成傾向於『支援者』與『被支援者』能夠馬上知道彼此關係的行為上。無論如何都是以自己為中心，重點是自己有沒有得到回報，大家尋求的是如此簡單易懂的關係。」

完全同意。而且從數據上看來，這些話特別符合年輕人的現況。

本書先前已經幫大家描繪出年輕人

的樣子，他們討厭顯眼、期望與同儕並列的平等意識強烈、無法自己決定、總是擔心自己是否過於突出。這些全部放在一起，又或者是這些事情的本質，就是他們對自己沒有自信、討厭別人評價自己，尤其是強烈畏懼「有人評價」這件事情。

在此幾乎算是重申了，年輕人會環繞著「想要為社會有所貢獻」的氛圍，是因為對他們來說這是相當合意的概念。反正只是有人需要我，並不會遭到批判或者評價，也不需要自己決定事情，同時也是有意義的活動，而且最後人家還會感謝我。

最重要的一點就是，這樣就會站在與「因為是自己想做的事情所以才做」這種狀況完全相反的位置。所以自主參加義工活動，並不是他們心中的社會貢獻，捐血也不太一樣。

「如果拜託我的話，我一定會去啊。」

我在和學生交談的時候，已經不知道聽過這種話多少次。

如果有人拜託之後，自己才去做，那麼就可以稱讚自己「我比別人溫柔」。

雖然真正的溫柔根本不是這麼一回事。

Chapter 7

畢竟自己沒有那種能力

對於自己毫無自信的年輕人們

關鍵在於自我肯定感與能力感極低

簡單回顧先前六章，從年輕人無論如何都不想太過顯眼說起（第一章）、理想根本就是平均分配的終極平等主義（第二章）、非常討厭要他自己提議或是自己決定（第三章）、年輕人們總是相當在意自己於同儕間是否過於突出（第四章）、站在高處看近年來求職的情況（第五章），最後是以活用自己個性和能力來貢獻社會做為主軸來切入，談論年輕人的工作觀（第六章）。

但為何他們會有這樣的言行舉止，又或者為何他們會有那樣的感受，針對這類疑問的根據，雖然我不時有提到一些，但並沒有大費篇章來說明。

為什麼他們會寧可自己只是埋沒在一百人當中的一個人就好，那麼不想突出呢？

為什麼他們無法自己決定事情？

為什麼他們的人際關係會變成多重保險狀態？

為什麼能讓精神上穩定的工作職場優先於其他事項？

其實這些都是由某一個心理作用所引發，而產生的結果。

7-1｜大學生自我評價結果之平均值

（N＝104：2014～2019年）

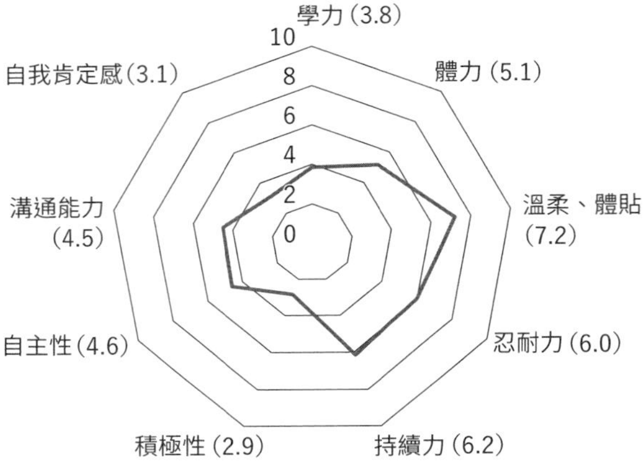

那就是「對自己沒有自信」。

首先來看個簡單的問卷結果。

圖表7－1是我在各種場合一遇到有機會談話的大學生，就一個個詢問，最後得到的資料。

我在沒有事前給予資訊的狀態下，要他們針對九個項目（學力、體力、溫柔體貼、忍耐力、持續力、積極性、自主性、溝通能力、自我肯定感），以十分滿分來為自己評分。

這個十分評分法，來自於我在美國留學時，因為肚子痛去醫院的時候，曾經被醫生問：「你現在把疼痛分成十個等級的話，大概是第幾級？」這樣的經驗。我覺得很有趣所以也這麼做，實際上執行後真的非常有趣，最令人感興趣的，就是我面對的學生都過於依賴表面狀況，但其實這樣反而更容易看見他們心中的本質。

比方說學力，每個大學的入學難易度到處都有公開的資料，所以他們應該很清楚考試時自己的相對學力。入學之後也只要看成績（現在大學有所謂的GPA, Grade Point Average 評價指標），自己在哪個程度也是一目了然。

然而針對學力的十等級自我評價，幾乎沒有受到學校又或者是個人成績差異的影響，而且如大家所見，都不是很高。

順帶一提比「學力」分數更低的，就是「積極性」和「自我肯定感」這兩項。低於平均數值五的還有「自主性」以及「溝通能力」。

另一方面，自我評價分數最高的則是「溫柔體貼」然後是「持續力」、「忍耐力」。

也就是平均來說，現在的大學生認為自己：

- 非常溫柔而且對他人很體貼
- 還算是有耐性而且很會忍耐
- 腦袋好不好跟會不會溝通很難說

7-2 ｜對大學生、研究生的挑戰精神造成阻礙的原因

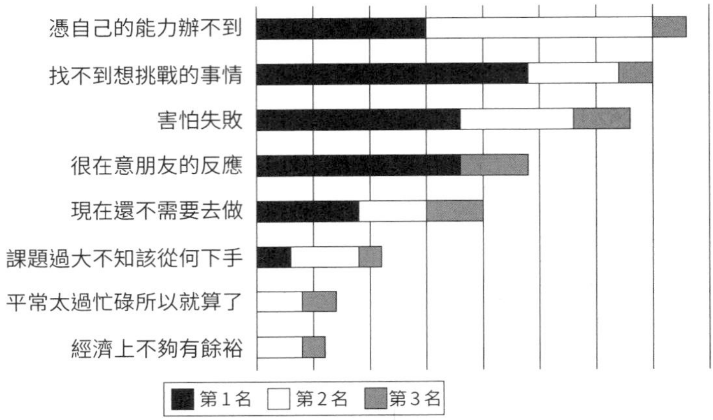

◆ 註：在八個選項當中挑出三項並排出名次。

- 不太會自己積極做些什麼
- 肯定對自己沒有自信

大概是如此。

另外我針對大學生詢問的問卷「如果你想挑戰些什麼，最容易造成你遲疑的原因為何」（圖表7－2）當中，名次最高的也是「憑自己的能力辦不到」。略為相關的項目還有第三名的「害怕失敗」，這也凸顯出現在的年輕人有多沒自信。

另外，第四名「很在意朋友的反應」造成無法挑戰新事物的這種結果，也完全反映出好孩子症候群的年輕人面貌。

日本創業精神氣氛低迷

大家聽過「entrepreneurship」這個詞彙嗎？一般翻譯成創業精神，在日本通常是指自行設立新創企業的氣質。

然而近年來這已經不單純指那些創業的人，而是包含了高意願打造新商品或新商機、面對風險也持續積極挑戰的態度。因此這樣的「創業者」於企業、政府、自治單位、大學等無所不在，處處皆有需求。

具備積極進取氣質的創業者，被視為現代世界經濟的主要原動力。因此全世界都在為了培育創業精神而嘗試多方面增加相關政策。尤其是日本這種缺乏挑戰意願的國家，培養創業精神乃是勢在必行，而不可或缺的就是檢討目前為止與創業精神相關的制度等各種問題，包含資金、法律制度、政府補助等，必須以最快的速度改善。

然而和世界主要的其他各國相比，日本的創業精神還是相當微弱。比方說根據比較世界各國創業精神等級的國際調查GEM（Global Entrepreneurship Monitor）資料指出，日本的創業意願率（Entrepreneurship Intentions Rate）成績為4.98（二〇一八年），和世界平均的23.68或亞洲平均25.90相比，都低到令人難以置信。

二〇〇〇年以後，在大學當中已經有相當多樣化的教育企劃，也投入了相當多努力。

然而為何日本的創業精神浪潮就是無法擴大，甚至無法醞釀呢？我認為與其說是制度或架構等外在環境問題，更應該要著眼於日本創業者（預備軍）內在氣質有需要被解決的課題，然後進行研究。

可能各位已經忘了，不過我再怎麼說也是個研究者，接下來就引用一些我自己的學術研究結果，綜觀整個世界，來看看日本的年輕人有多麼缺乏挑戰精神，以及其背後原因在於他們對自己有多麼沒自信。

首先簡單地與國際之間比較創業精神強度，圖表7－3是大學生及研究生的創業意願程度，以七個等級為基準來詢問的結果。除了日本以外其他國家的數據都只針對大學生，只有日本是連同研究生的數據一起計入。

一看就很明白，日本以外的五個國家結果都差不多，大多數是落在三到五之間；相較之下，日本學生的創業意願低得相當明顯，尤其是日本大學生，真是低到很誇張。

7-3 ｜學生的創業精神強度

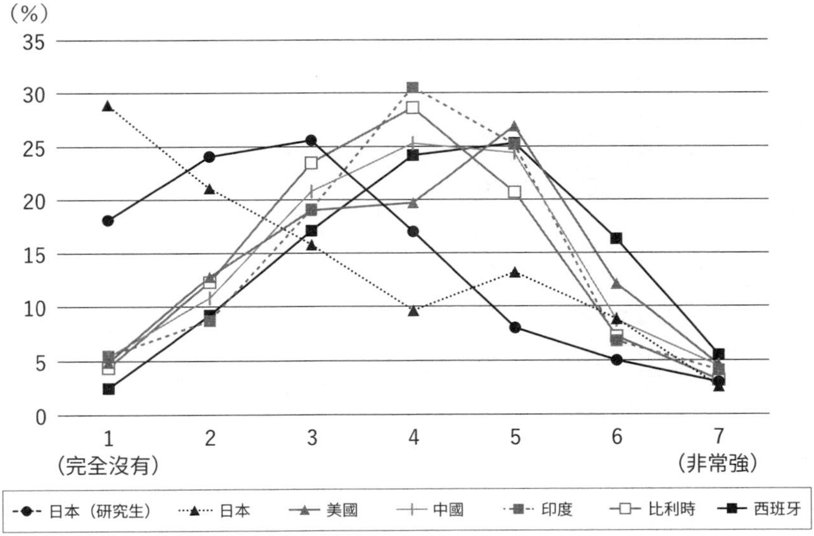

◆ 引用自：Kanama，2020。

不足三兄弟

那麼世界上其他國家的年輕人為了什麼會願意冒著風險挑戰呢？在圖表7－4中，將他們的動機資料做為X軸項目，並且請他們以五個等級來評分。

日本以外的五個國家，除了有部分國家顯示出不同傾向以外，整體上來說傾向都相當類似。這些資料顯示出以下兩個重點。

首先，日本和其他國家比較，以下四個項目的指數明顯低落：「成為獨立個體」、「成為組織領導者」、「創造工作機會」、「雇用他人並且進行管理」。這些項目主要的共通點都在於發揮領袖氣質以及自我獨立，而日本人的特質在這方面相當弱。

第二個重點，就是圖表最右邊的兩個項目：「對自己國家的經濟有所貢獻」、「貢獻地方社會」。這兩個是我自己加入的項目，再請美國的大學協助調查，因此可以比較日、美兩國的數據。加上這兩項的理由，是因為預想這兩個項目在日本的分數會比較高。

結果完全如我預料（感覺打出了好球），尤其是「貢獻地方社會」這項真

7-4｜學生發揮創業精神時的主要動機

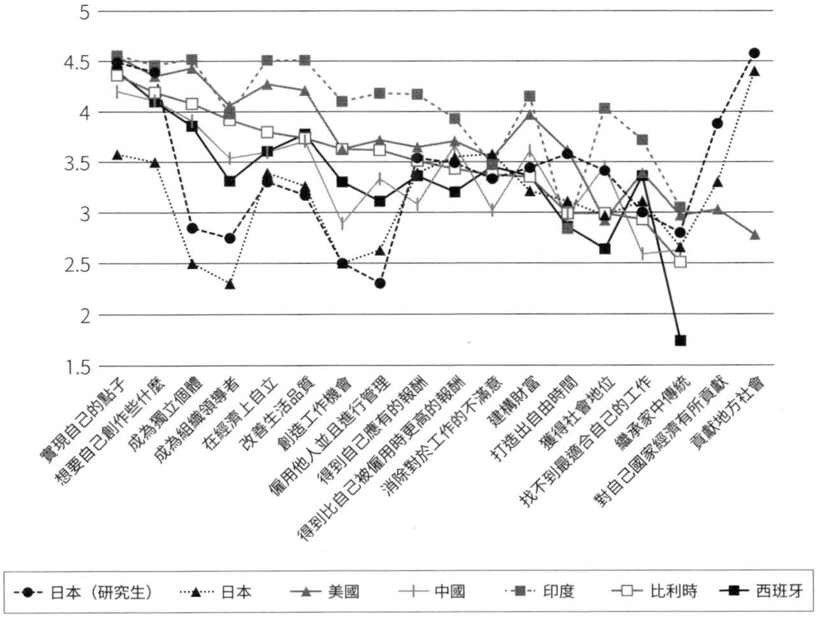

◆ 引用自：Kanama，2020。

的獲得相當高分，理由已經在前一章敘述過。

而下一個圖表7－5恐怕是最重要，也是我想強調的數據。這是學生在想要發揮挑戰精神時，將他們感到阻礙的項目化為指數的結果，指數越高，就表示認為該項目產生的阻礙越強。

這裡我要強調的只有一點，那就是日本，尤其是研究生認為阻礙特別強烈的三個項目。

「身為創業者的能力不足」、「對於商業的理解不足」、「關於經營的經驗不足」。這些和各外國相比是分數比較高的結果，更諷刺的是，日本的研究生這三個項目的分數比大學生還高。

我將這三項稱為日本大學生及研究生的「不足三兄弟」。雖然說是不足，但並非資金不足、點子不足或其他支援不足，這些項目和其他國家沒有太大的差異。

日本的大學生認為缺乏的，是沒有能力、沒有商業知識、沒有做那件事情的經驗，也就是全部都是自己的不足。

這並不表示日本的大學生沒有在念書，反而甚至可以說到高中畢業前，念

7-5 ｜學生想發揮創業精神時感受到的阻礙

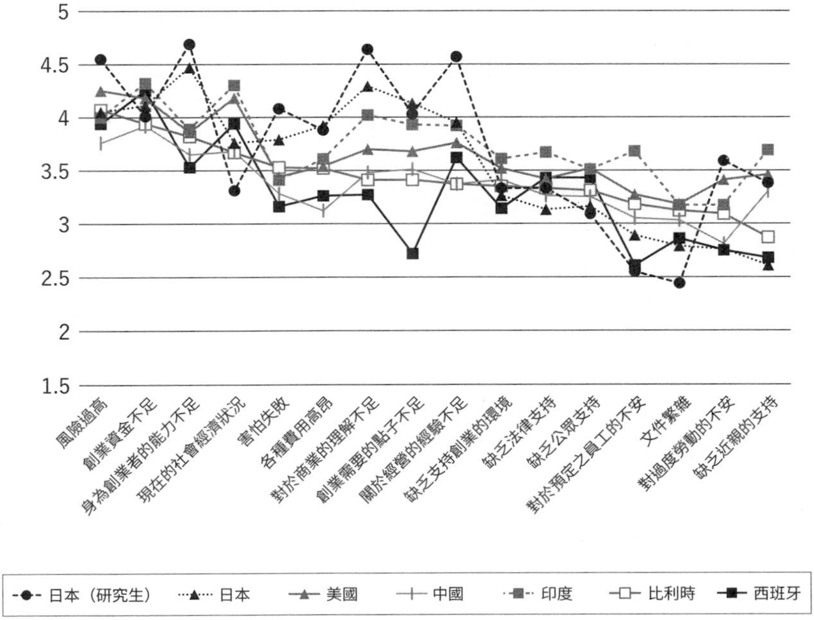

◆ 引用自：Kanama，2020。

的書都比其他國家多。也就是說「沒有能力」、「沒有知識」、「沒有經驗」這不足三兄弟，並非基於任何事實或客觀數據，完全是年輕人們自己主觀認知的問題。說起來，要是研究生比大學生還要更沒有能力、知識和經驗，怎麼想都太矛盾了。

「有備更患」的日本人

這裡我想向大家介紹前面有稍微提到的那個名為GEM的國際比較調查結果，在經過研究者分析之後，提出了一份相當值得深思的報告。

再次說明，GEM是在一九九九年時為了使用共同方式測量各國創業精神而建立的國際調查組織，目前有超過七十個國家以不同形式參加。日本也有加入，而其中研究者Honjo（二〇一五）、高橋等人（二〇一三）、鈴木（二〇一三）都提出了相當有趣的分析結果。不過希望大家要注意的是，這些分析的對象並不單純只有年輕人。

在他們的研究當中，使用綜合創業活動指數TEA（Total early-stage Entrepreneurship Activity）來進行分析，這可能有點難理解，本書就稱為「創業精神等級」好了。這個指數的全世界比較結果如圖表7－6所示，如大家所見，日本的結果實在是相當遺憾。

但有趣之處正在於此，他們的研究當中，四個指標（①人際網路、②找到新事業機會的天線、③知識、能力、經驗的自我認知、④對於失敗感受到的威脅）和七個主要先進國家相比的結果是這樣的：

在四個指標當中，前面三項與TEA之間有正相關，包含日本在內的所有國家都一樣。也就是說，①、②、③分數越高的人，創業精神等級就越高。

根據以上結果，高橋等人（二〇一三）分析日本的特徵如下。

- ①、②、③都回答「否定答案」者的比例高於其他國家，而且他們的創業精神等級也有比其他國家低落的傾向。
- ①、②、③都回答「肯定答案」者，其創業精神等級和其他國家相比則是接近或有略高的傾向。

也就是說，日本整體的創業精神等級會低落，是因為和其他國家相比，有

7-6｜世界各國創業精神等級

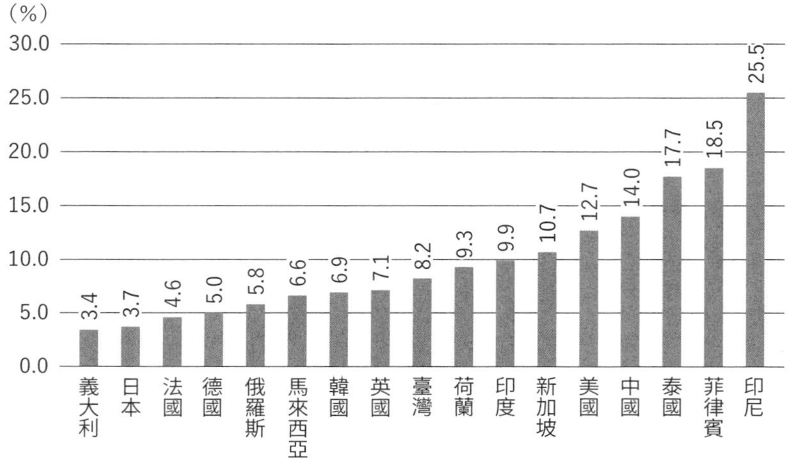

◆ 引用自：Global Entrepreneurship Monitor: GEM 2017/18 Global Report（2018）。

比較多人在人際網路、發現新事業的天線、對於知識、能力、經驗的自我認知等方面低落，而那些人拉低了整體平均值。相對的對於這些認知回答肯定答案的人，便具備與先進各國相同，甚至更高的創業精神等級。

另外，還有一個日本獨特的有趣結果。

剩下的指標④「對於失敗感受到的威脅」，普遍從全世界來看，這個項目與創業精神等級之間很明顯是負相關。簡單來說就是害怕失敗的人無法成為創業者，這說起來還滿容易理解的，也不太可能因為國家不同而結論有所不同。

但有趣的發現是在於③「知識、

能力、經驗的自我認知」以及④「對於失敗感受到的威脅」兩者之間的關係。

通常如果明白「擁有為了展開新事業所需要的知識、能力、經驗」這件事情，就會降低「可能失敗」所帶來的威脅感，也就是「有備無患」。實際上大多數國家也都有這樣的傾向，這句成語顯然是世界通用。

然而結果卻顯示，就只有日本有這樣的特徵：「知識、能力、經驗的自我認知**越高的人**，對於失敗感受到的威脅越強烈。」相反的，對於知識和能力認知低落的人，反而有不害怕失敗的傾向。

客觀上來看，這是非常不可思議的現象。雖然日本也有這句成語，但對日本人來說卻不適用。

換句話說日本人根本就是「有備更患」，那到底是在備什麼啊。

Chapter

8

單純等待指示

年輕人之間流傳的
學歷社會與走後門取向

等待指示的年輕人集團

在第三章當中，我曾向大家介紹如果不給出範例，不管面前是福山雅治還是大泉洋，他們都不會有所行動的年輕人；相反的，如果給予他們明確指示的話，狀況就完全不同了。

假設身為上司的你告訴他：「不好意思這有點趕，可以幫我簡單整理一個PPT（簡報）來說明最近年輕人的社群平臺使用頻率嗎？詳細內容你就參考這份報告。」

「詳細內容參考這份報告」這句話實在是太重要了。雖然這樣聽起來好像有點奇怪，不過好孩子症候群基本上對於執行指示的意願相當高，完全就是如魚得「指示」（↑校閱大大，如果您覺得這實在太冷了就刪掉吧）。

他們會回答「我知道了！」然後馬上處理。

PPT做得好不好就看個人能力了，畢竟要看在寫畢業論文的時候訓練出多少這類經驗，不過總之他們的態度會相當積極。

這個時候在他們心中啟動的指令之一是「貢獻欲」（這是我自己創造的詞

彙）。對於自己沒有自信、自我肯定感低才會啟動這個指令，他們相當高度需要他人認可，反映出來的就是貢獻欲。對於上司來說，只不過是交代了一件所有人都能辦到的事情，卻有很多年輕人會認為「他交付給我」、「我也有貢獻」。

因此在接觸他們的時候，下達指令的方法非常重要，原則上指示越具體越好。原本以上司的角度來說，會盡可能在指令當中保留一些自由度，這樣就能夠讓接收命令的人有自己思考的空間。原意是希望他們自己思考一下，然而命令越是曖昧，他們的動機就會更加低落、反應也會變得相當薄弱。

我將此稱為「下達指示的兩難」。

在此我想介紹一個有趣的數據給大家。雖然有點久了，不過這是二〇一四年由 Recruit Works 研究所實施調查後，於二〇一七年發表的「二〇一四年輕員工實況調查」的結果。回答的對象是首都圈內大學以上畢業的上班族共六百五十五人，另外在調查的族群中，區隔出了一個三十至四十來歲的管理階層者（三百二十五人），這點也相當有趣。或許提到管理階層的時候，大多數人會想到年紀較長的五、六十多歲，不過這個調查中是針對三、四十多歲已身為管理階層，但在日本社會他們仍被稱為年輕人的世代。

這份調查當中，要點是獲得他們針對「公司裡二十來歲的大學畢業正職員工（兩百四十五人）」的評價。合計共有二十九個問題，當中八項如下頁圖表8－1所示。

值得玩味的第一個重點，就是二十幾歲的大學畢業生員工「相當認真」、「交代的事情會好好執行」，這兩項是他們自己和別人都認同的。

而第二個重點，就是在某個程度上「沒有指示也會自主行動」、「所有事情都率先去做」、「忍耐力強」、「有創意」這些是**只有年輕人自認爲**有做到的。感覺好孩子症候群的年輕人們有些可悲。

無論如何，這裡我們能夠看到的還是他們典型「等待指示」的樣貌，本章就向下挖掘年輕人為什麼會選擇等待。

另外我必須先告訴大家的是，在現今這個時代如果能夠等待指示，是非常奢侈的事情。

等待指示說的極端點就是「等別人告訴自己答案」的狀態。

也就是說，下指示的人一開始就知道答案，才有可能成立這個狀態。只要有少許未知要素混入其中，就沒辦法告訴你答案，因此指令的內容就會隨著未知的比例增加，而在一定程度上變得曖昧。

8-1｜30～49 歲管理階層對 20 多歲大學畢業正職員工之評價 &20 多歲大學畢業正職員工自我評價

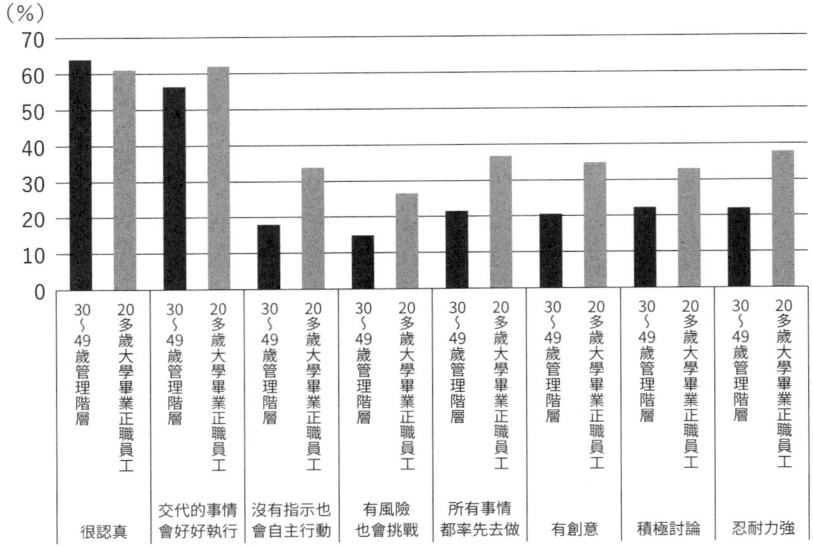

◆ 註：數據為「非常符合」、「還算符合」的合計數量。

◆ 引用自：Recruit Works 研究所「年輕員工實況調查」（2017）。

也因此，當今世上如果有明確能夠「等待指示」的狀態，那真的是只有在少數非常幸運的環境當中，而年輕人並不是相當了解這件事情。

他們經常抱怨公司的話有以下這些：

「要做什麼事情都好模糊，根本搞不清楚。」

「要到什麼時候、需要具備哪些知識和技術才行，他們都不講。」

大多數年輕人似乎認為工作就像是高中或大學考試，又或者像是考證照那樣，有某種指南手冊還是說明書之類的。甚至有不少年輕人認為，所謂「會工作」，是指具備了某種固定知識或技能。

因此沒有手冊的公司、沒有職前訓練的公司、前輩什麼都不教的公司、上司只會**不講理**地說「有不懂的事情就來問」的公司，都是不好的公司。在公司說明會中他們只詢問職前訓練的事情，理由也正在此。

越發強烈的保守性穩定取向

野村綜合研究所（ＮＲＩ）自一九九七年起，每三年就會針對價值觀以及人際關係等問題進行相關大規模且完整的問卷調查。他們的調查相當認真，

8-2｜2000 年到 2018 年的生活價值觀變化

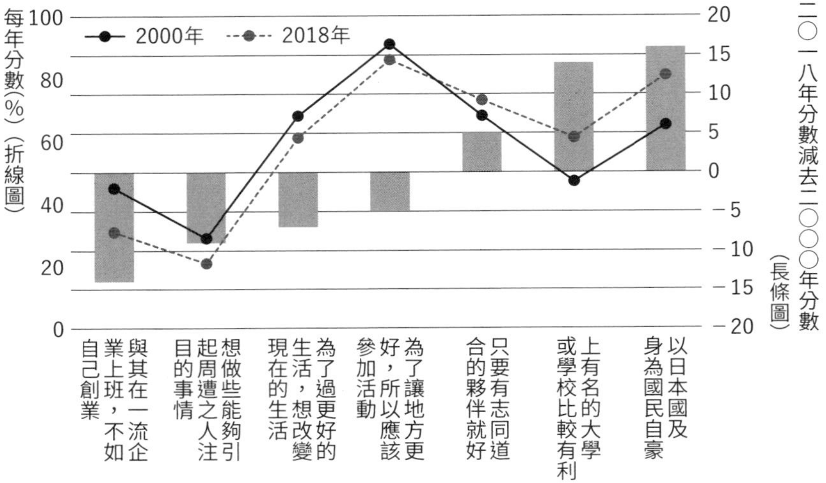

◆ 註：長條圖為「2018 年～ 2000 年」的數值。

◆ 引用自：野村綜合研究所─松下東子、林裕之、日戶浩之《日本的消費者在想什麼？——兩極化時代的行銷》（東洋經濟新報社，2019 年出版），由作者節錄。

會從全國隨機抽出一萬人進行訪問，因此得到的資料相當廣泛，調查對象遍布十幾歲到七十幾歲。

接下來我就借用這份「NRI一萬人生活問卷調查」的結果來推演我的理論。特別有趣的數據之一，也有刊登在NRI的《日本的消費者在想什麼？》（東洋經濟新報社，二〇一九年出版）一書中，是大家對於生活價值觀年年產生的變化。

圖表8－2的曲線圖橫跨二〇〇〇年到二〇一八年，針對X軸的各個項目認為「的確

如此」、「硬要說的話應該是」的回答比例合計。長條圖在Y軸越往下方延伸，則顯示出二〇〇〇年回答「的確如此」、「硬要說的話應該是」的比例比較高。

我希望大家特別注意左邊二個項目，「與其在一流企業上班，不如自己創業」為負十四分，而「想做些能夠引起周遭之人注目的事情」在這十八年內已經下降了八分。這些項目的分數原本就很低了，結果還在繼續下降。

而這些項目依照年齡區別的資料為下頁圖表8－3。

如大家所見，「想要自己創業」項目隨著年齡下降，分數也大幅降低。「想依照自己的想法來判斷事物」整體算是高分，但還是有隨著年份而略略下降的趨勢。

整體來說，日本人開始偏向避免挑戰以及自我主張，簡直就像全國民都希望能夠等待指示。

8-3 ｜「想要自己創業」等不同年代者分數

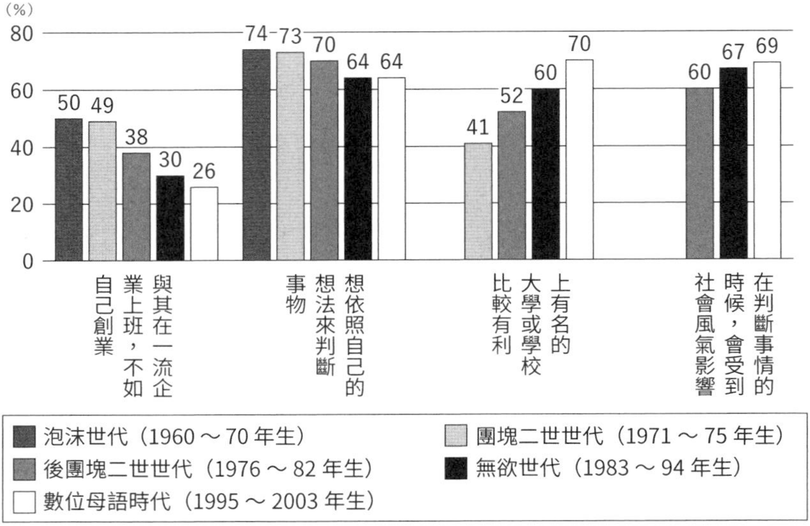

◆ 引用自：野村綜合研究所《日本的消費者在想什麼？》（東洋經濟新報社，2019年出版），由作者節錄。

令和時代的學歷取向

我小的時候流行尾崎豐[18]，「走在大人決定的道路上，升學、就業，是最令人厭惡的事情。我為了當自己，騎著偷來的機車向前奔走。」歌詞應該是這樣吧（應該不是吧）。更別說是去那種高材生讀的大學，說什麼將來要當公務員，真是一點夢想都沒有（宇多田光好像也唱過這種歌）。

但時代已經改變了，如圖表8－3，現在的年輕人開始覺得「去有名的大學或學校上課比較有利」。世代相隔大約一代親子，比例也幾乎增加了一倍。

現在的年輕人竟然是學歷社會取向。

就算不靠尾崎豐，長久以來世間對於「學歷社會」也一直都處於批判的態度。一般來說，學歷社會是指社會認為學歷就等於那個人的評價，比例重於當事者本人的能力和人格。尤其是對於職業的選擇以及相關的社會地位、所得有巨大影響時更是如此。

18　日本男歌手（一九六五年～一九九二年），歌曲以道出年輕人對社會的不滿與叛逆聞名。

不只是求職時，正式開始上班後也會出現「學閥」等情況，同一所學校出身的人會形成一個集團，同時會互相幫助、給予對方方便。因此對一個人來說，這一輩子的學歷很可能具備比自身能力還要大的影響力。

對大學生來說，會開始覺得學歷社會的現象相當打擊人，應該就是求職的時候吧。光是在遞交履歷的時候，單看你輸入了哪間大學名稱，就能決定你是否能夠晉級到下一關的「學歷濾網」，這東西在學生之間可不是隨口說說的感覺。而企業方面，甚至乾脆在收履歷的階段就刻意不設置學校名稱的欄位（展現出並沒有過濾學歷這回事）來取得學生的信賴。

整體來說，如今畢竟是以個人自由發想和創意為社會帶來變革的大創新時代，學歷社會完全就是一種陋習。

若問這種「學歷社會」的陋習是從什麼時候開始的？嚴格思考起來，恐怕就是從日本有學校開始，不過我實在跟歷史不夠熟悉，所以姑且以明治後來思考。東京大學是在明治十年[19]設立的，之後於包括東京在內，有七個都市設立了帝國大學，似乎就是從此時開始，會支付非常高額的薪水給具備高學歷之人。

話雖如此，現今所說的學歷社會比較確切形成的時候，應該是在戰後了吧，學校制度化為小、中、高、大一直線，一般人也慢慢開始得到接受高等教育的機會。之後越來越多人知道高學歷者能夠有高所得以後，就有許多人目標是進大學，於是就結果來說，在激烈的考試競爭下形成了信仰學歷的社會。也就是要進好公司，必須先進好大學。

「學歷是用來驗證年輕人努力和忍耐力上最為方便的指標」這樣的想法，應該也為這種社會傾向推了一把。為了進入那被稱為難關的大學，必須要有相對應的努力及忍耐力；如果能夠努力讀書，那麼可以期望那個人面對工作也會有相同的態度，大概是這樣的邏輯。而他們的努力也應該要獲得回報，這就是日本社會整體的共同認知。

但就算是高學歷，也不一定就能做好工作。為了進入高分大學所需要的學力，和能夠在工作方面留下成果所需要的能力，並非完全相同，應該說根本大異其趣，這麼想的人也逐漸變多了。

企業方面也逐漸不再完全仰仗學歷，而是逐步確立能夠看清學生個性和能力，花費一段時間再決定錄用的方法。尤其是最近就業協定[20]已經大幅調整為三

19 西元一八七七年。
20 日本自一九五三年起由大學和經營者團體協調的關於學生就業規則，會因景氣問題等修正內容。由於單純是學校與企業的約定，因此不具實際法律規範效力，於二〇二一年起等同作廢。目前日本政府預定將於二〇二四年起由政府推動求職規範。

月一日可以開始求職、六月一日可以開始進行面試等、十月一日可以公布預定錄取名單（雖然大部分的人無視這樣的時間表），加上實習活動普及，因此企業可以花費更長的時間來好好執行錄取流程。

在年輕人之間反而增強的走後門取向

就這樣，從好的大學畢業就能進入好的企業，這是大多數日本人先前抱持的學歷取向風潮，（原本應該）有逐漸薄弱的趨勢。

尤其是和處於競爭相當激烈中的團塊二世世代相比，目前的人口大約只有六成左右，對於那些不曾經歷就業冰河期的二十幾歲年輕人來說，學歷取向這種東西消失也不奇怪。

然而事情卻還是變成這樣。

如圖表8－3所示，已經又以年輕人為中心的學歷社會靠攏，這究竟應該如何解釋呢？要是尾崎豐還活著，他會說些什麼呢？

其實另外也還有很多可以為年輕人的學歷取向佐證的數據（引用自World Values Survey〈世界價值觀調查〉等）。

- 為了讓人生更好，靠後門關係比實力更重要。
- 為了對外說明自己的地位和立場，職位和職稱相當重要。
- 想做能夠活用自己證照的工作。

這些都是針對年輕人進行的調查，上述三者是從過去到現在，數值呈現上升的項目。

該怎麼說呢？真的是相當保守的想法。而且還是什麼走後門、職位、職稱之類的。或許大家會認為，「既得利益」這種詞彙指的是連續劇當中那些腐敗的政治家，其實卻完全錯誤，現在的年輕人們才是既得利益主義者。

應該要如何解釋這種傾向呢？

我的想法是這樣的，對於好孩子症候群的年輕人來說，有比學歷社會還要更令他們難以接受的東西。如果要他們去好好面對，那他們寧可奉學歷社會至上。

那就是前面說的「好好評估學生的個性和能力，花費較長時間來決定錄取的方法」。對於那些盡可能不想顯眼、只想跟大家並排站好、無論如何都不想競爭，而且還對自己非常沒有自信的學生來說，這種錄用流程無非是巨大的壓力。

實習是「取得既得利益」

這樣寫可能會得到許多批判。

「沒有那回事，最近參加實習的學生人數暴增，這不是表示他們積極挑戰自己、試圖成長的意思嗎？」

的確從數據上來看的話，可能會這麼想吧。

確實，打從心底將目標放在自我成長而前去參加實習的學生也不少，特別是那些像鋪了一層金箔的新創企業類的實習，更容易聚集自我意願高的學生，這是因為可以直接接觸老闆和創業成員，學習他們對於商業的想法。

但是包含知名大企業在內，大多數公司的實習是什麼樣的情況呢？各位讀者們，進到你們公司實習的學生，他們是看起來相當積極挑戰自我、試圖成長的樣子嗎？（如果你回答 Yes 的話，那可能是你誤會了。我已經說過好幾次，現在的好孩子症候群，在把事情圓得彷彿是大人的希望這方面，簡直就是天才。）

那麼為何他們要參加實習呢？除了自我成長以外有什麼目的嗎？

答案就是他們重視既得利益的保守取向，大多數學生會前去實習的最大動機，就是因為「預定錄取的名額幾乎都被參加實習的人占光了」這樣的資訊，以及醞釀出這種資訊的既定觀念。

我就直接點再說一次，實習正是獲得既得利益的手段。

原本的實習是如字面上所說的，也就是就業體驗。原本這樣，只要想做的人去就好了，畢竟這對於企業來說也是很大的負擔。表面上實習和求職活動是分開的，對於企業和學生雙方來說都是個成長的機會。

然而現在所有大學生中，參與實習的比例幾乎高達80%，這當中也包含了許多以公務員做為第一志願的學生，會這麼做只是因為「聽說對面試有利」，同時也是為了在正式錄取考試當中，可能會被問到「當初怎麼沒有參加實習？」這樣的問題。

保守取向的正確解釋

日本的年輕人終於感受到有點危機了。

他們的學歷取向以及走後門取向，如果將相關書籍及報導提及的內容都整理出來大概是下面這樣。

- 當今的年輕人都是在日本經濟整體成長停止後出生的，沒有實際感受過「挑戰能帶來成長」的過程。
- 由於景氣持續低迷、貧富差距持續擴大，因此強烈恐懼失敗，覺得一旦失敗就會墜入地獄。
- 自小就看到倒閉、失業、裁員等社會現象，因此很早就明白獲得既得利益的重要性。

第一項（前半部）寫的是客觀事實，我想大家都有聽過「失落的〇〇年」這種說法，其實二〇二一年正是「失落三十週年紀念」。泡沫經濟是從一九九一年開始的，從那時起，經濟成長就幾乎停止了。

第二項和第三項的某些部分和我的解釋十分相近，但還是有些不太對勁的地方。

會覺得不對勁的最大原因在於，前提必須是「年輕人們正確理解現今日本」這樣的狀況。

感覺上是真正（姑且不論是否正確）理解的只有一部分大人，然後將這個知識（正因為它是知識）以追加的方式嵌在討論年輕人的理論上。

我前面曾再三主張，孩子的世界是更遠為狹窄的。大多數情況下，父母的思考會給孩子相當大的影響。

因此我的解釋是這樣的。

無法感受到挑戰能夠帶來成長的是大人、覺得失敗就再也爬不起來的是大人，當然既得利益的信徒也是大人。

正因為大人們這麼想，所以孩子們、也就是年輕人們就會受到這種氣氛感染。

在我看來，把這種因果循環拿到檯面上，然後說什麼「現在的年輕人一點氣魄都沒有，真是糟糕」之類的，實在連滑稽都稱不上。這也沒什麼，年輕人不過是重複了這三十年以來日本的大人們所做的事情罷了。

數位化造成等待指示的人不再具備價值

歷經了大約兩年與新冠肺炎的戰鬥，應該有很多人感受到「已經無法回到和從前完全相同的社會」吧。

業務內容和辦公室環境產生了巨大變化，由於大家迅速轉變為遠端工作，除了工作場所變更以外，這件事情也對於公司內部又或者是組織的形態造成了變化。

首先是工作的模組化快速發展中，由於遠端的模式和以前不同，沒辦法遇到什麼事情就來開會磨合一下，所以變成管理者需要將工作設計到包含精確的細節內容。

員工之間的關聯感和他們對於組織的歸屬感也產生了變化，在遠端化的社會當中，很明顯有部分員工對公司的歸屬感大幅下滑。原先每天（姑且不論是喜歡還是討厭）見面，所以經營者和員工還勉強能保持一定的信賴，但現在甚至是員工之間的信任關係也開始低落。

對於職場環境，尤其是職場中的人際關係有所不滿的人，肯定相當歡迎公司引進遠端工作模式。

另一方面，經營者則重新了解到，自己手下有多少不需要的人力。那些就只是坐在那裡、等待上面下達指示直到最後一刻的員工，他的存在價值也因為遠端工作的環境而變得毫無意義。等待指示的人只有是在「等待指示」的狀況，才有其存在價值；遠端工作環境下，這種類型的人才價值就消失得無影無蹤。

等待指示跟好孩子症候群幾乎可以畫上等號，舉個例子來說，就像是出名之後換了一個藝名。好孩子症候群的年輕人，都是等待指示的人才候補人選。

這裡我們暫停一下，來思考一會兒。

假設真如我在本書中所主張的，好孩子症候群的年輕人比例正在增加的話，那麼五年後、十年後的日本社會將會如何呢？

假設真如我所指出的，以新冠肺炎疫情為起點的遠端工作更加普及，而遠端工作代表的數位化社會逐步確立的話，但日本企業的手上都只有等待指示的人，在五年後、十年後的競爭力又會如何呢？

我認為好孩子症候群最大的課題，就是他們自己本身沒有任何附加價值，遠端工作之後在電腦的另一頭，默默等著指令。如果在原本的工作現場，他們還會有個「跟大家同步」的工作，如今卻連這件能做的事都丟了。

雖然給予他們照樣造句類的工作（＝好孩子症候群的年輕人們所說的「一技在身」、「職前訓練時學會的東西」、「活用個性和能力的工作」）就能夠維持一定的生產性，但是要從「零」到「完成」的全部過程都模組化，而且還要平均發給高成本的多餘人力，這種工作在這世界上可不是那麼多。大多數工作都相當複雜，要將那些業務轉換成一個固定的模組是非常困難的。

因此所有員工都必須使用自己的腦袋，持續以微小的創意和心思去前進。

然而對於好孩子症候群來說，這種創造價值的活動是他們最不擅長的，而且對於這種會感受到自主性與自立性的流程，他們也會相當畏懼，「創造價值」可是他們要避免做出的行為當中，位於榜首那條呢。

Chapter

9

扯別人後腿的日本人

年輕人們培育出的社會

壞心眼的日本人

雖然是有點久以前的事情了，不過曾經有陣子大家討論起日本人似乎相當喜歡惡作劇這件事情，以這個論點，大概就能夠明確說明在新冠肺炎疫情中日本人的言行舉止，因此大家又再次討論起來。

回歸這個論點的源頭，是一個名為「日本人喜歡『惡作劇』?!」的研究企劃，那是以高知工科大學特約教授西條辰義（發表當時為大阪大學社會經濟研究所教授）為中心，根據一連串遊戲而得到的實驗結果。這是應用行動經濟學中關於囚犯困境遊戲的研究，並且得到了非常值得我們深思的成果，因此接下來會使用兩節來解說關於公共財供應中，搭便車的行動理論背景。

雖然我想做的事情很多，不過這裡並不適合加深學術理論，所以我還是盡量忍耐、簡單說明一下內容就好。

有一種想法認為，道路或者學校這類公共財由於對社會的貢獻極高，所以應該每個人都稍微負擔一些；相反的，就算自己不負擔成本，道路和學校也還是能完成，因此而想著「那要我負擔的話我豈不是笨蛋」的情況，就是所謂的搭便車（免費使用）。除了公共財以外，在環境問題中也有這種情況，針對該如何處理只想搭便車的人這點，是個相當大的課題。

根據西條等人的說明，日本這個搭便車的問題比一般概念還要來得複雜，理由包含：

①日本人和美國人相比，一開始就想搭便車的人比較多。
②但是其他人看到後，即使對自己有害，也可能還是會對搭便車的人採取報復行動。
③搭便車的人慢慢學習到：如果不協助公共財的建構，之後會發生可怕的事情。
④最後日本人就會比美國人採取更多合作的行動。

他們導出來的結果是這樣。
不會吧日本人，說老實話這有點恐怖耶。
日本人總是互助而協調的。
才怪，是因為不跟大家同心協力做事情的話，害怕之後會被報復。

……等等，別走，我努力解釋一下。試著重新閱讀之後，疑問就集中在前半部。

- 為何日本人原先就想搭便車的人會比較多？（針對①的疑問）
- 為何日本人發現有人搭便車的時候，就算自己會受傷害也要扯對方後腿？（針對②的疑問，這被稱為仇恨行為）

就是這兩點。

有一部分專家分析認為，原因在於日本是個資源有限的島國，由單一民族組成也可能是原因之一，而且是農耕民族。在受限的土地、受限的資源當中形成部落社會，所以大家會一起協調來排除打亂秩序的人，是為了讓部落得以延續下去。

身為研究者，我認為這相當值得深思。同時也很在意能否與愛奴族、愛斯基摩人、澳洲原住民等其他民族比較，進而進行考察。

但是對於各位讀者來說，想必覺得這種事情在研究學會裡做就好了吧。我們幾乎都沒有進行農耕、也沒有在部落裡生活，如果從「隸屬於一個組織＝部落」來尋找共通點雖然也非常有趣，但將一輩子幾乎都在真正的部落裡生活的情況，與現代都會中人們的行為舉止放在同一個平面來探討，似乎也不太對。

另外，這個邏輯主要是用來回答第一個問題，沒有辦法解釋第二個問題。

總之還是不要講一些看似非常了不起的東西來占版面，我也得提出對應方案才行。

搭便車的報酬

就在我百思不得其解的時候，發現有可能是問題本身就錯了。

這是我做為創新理論專家的個人信念，在美國的電影和連續劇當中也經常提到「wrong question」這種講法。

所以我在此依樣畫葫蘆。

「為何日本人原先就想搭便車的人會比較多？」

不是這樣，而是：

「為何人不會想搭便車？」

是否應該這樣問呢？

如果自己不付出也能得到相同的福利，那麼要人付出反而很奇怪吧。沒錯，付出成本實在太蠢了，這是左腦經過鍛鍊後的知性生物「人類」腦中應該會認為合理的事情，但為何還是會特地選擇要負擔成本呢？

因為不遵守規則就會受罰？

因為很在意他人的眼光？

我能想到非常多原因，不過這裡我們還是稍微深入一點思考。

說起來人類為何會起身行動，正是因為有某種動機。有動機，人才會行動；如果將什麼事情都不做也視為行動的一種，那麼所有行動都存在一個動機。詳細請參照金間大介著作《動機的科學》（怎麼在這裡打廣告）。

而動機的泉源，一定是有某種報酬。有獎品所以湧出了動機，接著去行動。獎品有兩種，分別是內在報酬和外在報酬（這是第二次提到了）。

內在報酬就是活動本身的愉快、成就感、意義、自我成長等由內在獲得的報酬；而外在報酬則是金錢、獎賞、評價、處罰、外部壓力等外界給予的報酬或懲罰。（想更加詳細了解的人請務必參考金間大介《動機的科學》！）

搭／不搭便車的行動，基本上也能用相同原理來說明。

人會搭便車，是因為覺得相較於「搭便車被發現的機率 × 被發現的時候會遭受的處罰大小」這個外在報酬（這種情況下屬於外在懲罰），共同付出成本對自己來說負擔更大，這跟內在報酬沒有關係。

另一方面，不搭便車，也就是那些願意負擔公共財的人，他們的動機剛才已經提到了。

因為懲罰很可怕、因為很在意他人目光。

其實不想負擔公共財成本的人也是依循相同的原理，簡單來說，搭／不搭便車的判斷，其實都在同一個軸線上。

那麼美國人呢？他們為什麼會願意負擔公共財？

因為懲罰很可怕？

這能理解。

因為很在意他人的眼光？

認為「我是我、你是你……」的美國人耶？

消防員的靴子

正確來說是因為有內在報酬。

當然並不是所有的美國人都因為能得到內在報酬而願意負擔公共財，但是針對美國人進行的幾個研究報告指出，人類在給予的時候，比起自己領受會有更加強烈的幸福感。也就是說，負擔公共財可以豐盈內在報酬（如果需要比較好理解的書籍，推薦亞當．格蘭特的《給予：華頓商學院最啟發人心的一堂課》，臺灣由平安文化出版）。

我自己並非百分之百接受這個結論，不過如果以「至少他們的言行舉止是以那樣的社會做為理想」這種角度來思考的話，有幾點是相當令人贊同的。

另一方面，日本人則有認為「負擔公共財成本是種義務」的傾向，又或者覺得是以某種形式決定的社會系統一環。

「沒有那回事，日本人的互助精神不是很好嗎！難道你沒見過災害時的義工活動嗎？」

可能也會有人這樣反駁吧。

但我住在美國的時候，附近的消防署經常會舉辦募款活動，可能是為了買書給孩子們，或者是要幫助火災的公寓居民之類的，以那些名目請大家將鈔票放進消防員的靴子裡。

大家在日本看過這種景象嗎？

我是從二〇〇一年夏天開始在美國留學的，所以在美國國內經歷了九一一事件。那時候的義工聚會和募款活動，根本不是日本能夠相比的，光是校園內就有數也數不清的活動了。

畏懼互助的日本人

突然做出這種假設實在令人惶恐，不過現在你是麵包超人，而且你在街上遇到了有困難的人。既然你是麵包超人，那麼想必會叫住對方吧，問他：「你怎麼啦？」

再次突然假設真的相當不好意思，這次如果你是普通的日本人好了，然後你在街上遇到有困難的人，你會叫住對方嗎？

如果你的回答是No，那麼請問你和麵包超人的差異在哪裡？

這時候如果比較敏銳的讀者，可能會想到自助、互助、公共援助這幾個詞彙[21]，這是我們的前總理大臣菅義偉先生在自民黨總選舉時，提出的個人政策理念所使用到的詞彙，也因為新冠肺炎疫情而廣為流傳。

這三件事情的順序也非常重要。最一開始是自助，這點應該毫無異議，自己的性命、自己的生活靠自己守護，這是第一。

接下來是互助，也是相當自然的，假設有自己一個人辦不到的事情，但全部都依靠國家的話實在是太沒有效率，如果周遭之人能夠幫上忙那就夠了，不管是鄰居、公司、或者聚落社會都可以。

但日本人卻相當不擅長互助。

正確來說，是非常不擅長積極的互助。

美國人只要有人遇到困難（應該說看起來有困難），就會積極地去向對方搭話，解決問題後如果對方說「Thank you!」的話，那麼就回應「I got it!! My pleasure.」並且一臉驕傲。

首先，日本人一開始就不會叫住對方。

是因為討厭被拒絕？

或者是自助優先主義？

害怕喊住對方的瞬間，他一臉被嚇到的樣子？

如果你是愛與勇氣之友麵包超人，你應該會叫住他的。如你所料，對方本

21 日文原文為「自助、共助、公助」。

來可能會有點驚訝，不過你是麵包超人，所以對方不會有所動搖。

而且大部分情況下，你提出的建議應該都會遭到婉拒。「不，我沒事。」其實這方面日、美兩國的差異並不大。

不同的是這個**過程本身**的重要性。

一百二十五國當中第一百二十五名的稱號

不管是日本還是美國，都有一定數量的人會拒絕他人幫助。不同的是對方拒絕時的應對方式。

Can I help you?

No, Thanks.

這樣的過程，你是覺得就算被拒絕了也還是高興，又或者是因為被拒絕了而感到可怕呢？日、美差異的精華就在這裡。美國人是滿足於內在報酬的互助社會；而另一方面，日本人因為害怕他人、害怕鄰居所以不願意互助，而依賴公共援助。

以下提出一個做為佐證的數據。

大家知道「世界慈善捐助指數」（World Giving Index, WGI）這個國際性調查嗎？如果不知道的話，這真的是相當有趣、而且算是比較簡單的研究，還請各位藉此機會記住這個調查。

WGI是由英國的慈善援助基金會（Charities Aid Foundation）和美國的民間輿論調查公司蓋洛普（Gallup）進行調查，內容構成主要是「助人、捐款、義工活動」三項指標，並從二〇一〇年開始發表調查結果。

順帶一提，蓋洛普公司另外還有針對世界商務人士的工作敬業度提出測量指標「Q12」，是相當有名的調查公司。

而這個WGI則是在世界各國以問卷詢問「最近一個月內是否有做下列事情」之後，將統計結果整合成指數。（引號內的中文是作者翻譯成日文後的中譯文）

Q1：Helped a stranger, or someone you didn't know who needed help?
「是否曾經幫助需要幫助的外國人或陌生人？」
Q2：Donated money to a charity?
「是否有捐款給慈善團體等單位？」

Q３：Volunteered your time to an organisation?

「是否有參加義工活動？」

從二〇一〇年以後幾乎每年都會在全世界進行問卷調查，結果會在調查後第二年發表報告。二〇一九年十月，WGI發表了「十年捐助趨勢」報告第十版（*10th Edition Ten Years Giving Trends*）。

「十年捐助趨勢」是施行調查的十年內，也就是包含了二〇〇九至二〇一八年的各國統計數據。由於調查對象國每年都會有少許變化，因此這個版本的資料是來自於在過去十年內，至少有八年數據可供使用的一百二十八個國家（這當中被發表在排行榜上的有一百二十五個國家），最後再給予各國百分比分數，根據這些分數來進行排名。

那麼我們就來看看期待已久的結果。我一定要先告訴大家，這完全凸顯出日本的「陰暗」面，還請您用心看看。

首先是綜合排名，日本在一百二十五個國家當中排名第一百零七名。這已經是相當低的名次了，若問何者最為扯後腿，那就是第一個問題「是否曾經幫助需要幫助的外國人或陌生人？」的回答，竟然是所有調查對象國家中名次最

9-1｜世界慈善捐助指數（WGI）「十年捐助趨勢」報告第十版

國名	綜合名次	綜合得分	名次（助人）	助人	名次（捐款）	捐款	名次（義工）	義工
美國	1	0.58	3	0.72	11	0.61	5	0.42
緬甸	2	0.58	49	0.49	1	0.81	3	0.43
紐西蘭	3	0.57	10	0.64	9	0.65	6	0.41
澳洲	4	0.56	11	0.64	8	0.68	12	0.37
愛爾蘭	5	0.56	16	0.62	7	0.69	10	0.38
加拿大	6	0.55	9	0.64	10	0.63	11	0.37
英國	7	0.54	19	0.60	2	0.71	25	0.30
荷蘭	8	0.53	37	0.53	5	0.71	14	0.36
斯里蘭卡	9	0.51	29	0.55	19	0.50	1	0.46
印尼	10	0.50	86	0.42	6	0.69	7	0.40
德國	18	0.43	26	0.56	20	0.49	36	0.26
泰國	21	0.42	89	0.41	4	0.71	79	0.15
奈及利亞	22	0.42	7	0.66	56	0.27	21	0.32
新加坡	46	0.35	96	0.39	21	0.48	59	0.19
臺灣	48	0.35	59	0.48	32	0.38	66	0.18
義大利	54	0.33	68	0.45	33	0.38	73	0.16
西班牙	58	0.32	45	0.51	46	0.30	76	0.16
法國	66	0.30	108	0.36	55	0.27	33	0.27
印度	82	0.26	113	0.34	62	0.24	63	0.19
越南	84	0.26	83	0.42	65	0.23	98	0.12
柬埔寨	102	0.24	124	0.24	28	0.40	113	0.08
日本	107	0.23	125	0.24	64	0.23	46	0.22
俄羅斯	117	0.21	112	0.35	112	0.12	74	0.16
克羅埃西亞	118	0.21	120	0.30	68	0.22	108	0.09
中國	126	0.16	119	0.31	116	0.11	125	0.05

低的。

或許有人會訝異於自己是否看錯了，但我要再次說明，你沒看錯。

日本人針對「是否曾幫助陌生人」這個問題，是全世界回答「有」的比例中最低的國家，一百二十五個國家中的第一百二十五名。

好啦，這該怎麼解釋才好……

最後一名也太奇怪了吧？所以難免懷疑起數據的可信度，這是我身為研究者的習慣。

首先想到的就是「語義不同」的情況，也就是這類國際調查當中最容易發生的翻譯問題，進而產生的語言認知落差。無論翻譯的時候在文法上有多麼正確，這個世界上依然沒有完美的翻譯存在，因為詞彙和概念都是該語言原本的東西。

這個情況下，「help」這個英文詞彙和日文的「幫助」可能有著些許差異。比方說，因為「help」的意義比較廣泛，而日文當中「幫助」的意義比較狹窄，所以日本人的數值就偏低。

除此之外還有時期的問題（比方說在感恩節後詢問的話，「有」的比例可能就會上升），又或者是訪問者的問題（由女性發問的話男性可能會想耍帥）

之類的，考量到各種細節產生的偏差，當中一部分或者全部重疊在一起，導致日本人的助人率低，這樣解釋的確也是有可能的。

雖然很有可能，卻不是很實際。數據雖然可能產生些許差異，但這真的是非常簡單的調查，尤其是第一個問題和其他兩個問題相比，文化差異真的很小。看來還是得老實接受這個「不助人國 No.1」的稱號才行。

說起來日本人會和陌生人溝通的真的是非常的少，應該說日常生活中發生那種事情的話，日本人肯定是會呆住的。以自己為中心，在區隔內部與外部有相當強烈的界線，可能就是造成日本變成不助人大國的原因之一。

另一點就是日本人的自我責任感強烈，日本從小就教大家「不可以給他人添麻煩」。在家庭餐廳中，孩子光是靠近別人的桌邊，父母親就會拚了命道歉，還會自豪的跟孩子說：「只要不給別人添麻煩，做什麼都沒關係。」

日本人認為給他人添麻煩，不管哪種程度都是相當惡劣的事，因此對於實際上給別人添麻煩（或這麼打算）的人相當冷淡，就算對方是高齡人士或者孩子的情況，可能也不會被接受。極端的自我責任主義，很有可能因此導致極端的保守取向以及對他人的恐懼之心。

我想再次問問各位讀者。

為什麼日本人那麼害怕跟他人對話呢？為什麼我們不是麵包超人呢？如果希望能夠在困難者出現時馬上叫住對方，擁有那樣強悍又溫柔的心靈，應該要怎麼做才好呢？

從眾正是日本人自古以來特有的個性

日本人冀望與他人同調的氣質，早在很久前其他各國似乎就已經相當明白（這件事情本身也是滿恐怖的）。

以下是我在美國留學時聽說的事情，向大家說明其中非常值得探討之處。這是個相當有名的刻板印象笑話，叫作「沉船笑話」（Sinking Boat Joke），如果有人已經聽過了那實在抱歉，但真的很有趣，就請再看一次吧。

大家可以聯想一下伊麗莎白女王二世號，或者是鐵達尼號也可以，在那種國際大型客船上，而船隻因為觸礁所以即將沉沒。船長雖然準備了救生艇，但因為優先讓女性和孩子上船，結果救生艇都坐滿了，大多數男性必須從相當高的地方跳進海裡。當然所有人都遲疑著不敢跳，於是船長對他們說了這些話試圖讓他們行動。

對美國人說："Go! Jump!! And you will be a hero."「跳吧，跳了你就會成為英雄！」

對德國人說："Jumping is a rule of the ship!!"「跳下去是這艘船的規則！」

對義大利人說："If you jump now, you are going to get women's hearts."「你跳下去的話，女孩子都會為你心動。」

對韓國人說："The Japanese guy has already jumped."「日本人已經跳下去囉。」

對日本人說："Just look at people around you. Everyone is jumping."「你看看旁邊，大家都跳囉。」

太有趣了，但真是笑不出來，這就是日本人的情結。要讓日本人挑戰的話，只要讓大家做出一樣的行動就好，美國人看得真清楚。

這樣想想何止笑不出來，甚至是感覺有點可怕。先前我把現在的年輕人們稱為好孩子症候群，讓大家見識到他們的水平並列主義和他們多麼沒有主見，但這其實沒有什麼，因為從很久以前日本整體就是這樣了，而且是連外國都很清楚的程度。

究竟是「三個臭皮匠勝過一個諸葛亮」，還是「集團愚蠢」？

有句俗語說「三個臭皮匠，勝過一個諸葛亮」。如各位所知，意思就是如果三個平凡人聚集在一起商量事情的話，也能夠得到不錯的意見的意思。在英文中則是"Two heads are better than one."這樣的句子，學術上稱為「集體智慧」。

另一方面，還有一種說法叫作「集團愚蠢」。如同字面上所示，就是個體的能力並不低，然而一旦成為集團就會做出愚蠢的判斷的意思，學術上會稱為「集體愚蠢」。

可見俗語有時候也還挺讓人混亂的，到底哪個才是對的啊？

當然是看狀況啊。這樣說也很合理啦，但俗語不就是試圖告訴大家不會依狀況而有所改變的真理嗎……

而這個所謂的看狀況，還真的有區分時間與場合來進行驗證的論文，在知名期刊《自然人類行為》（*Nature Human Behaviour*）上面刊登。Toyokawa, W., Whalen, A. and Laland, K. N. "Social learning strategies regulate the wisdom and madness of interactive crowds"（二〇一九），列在首位的作者是日本人豐川航，論文標題翻譯為「社會性學習戰略如何控制群體智慧與集體愚蠢」。

這是使用了層級貝氏法的困難論文，簡單摘要內容如下。

集合了六百九十九名受試者，打造出幾個人數相異的群組，並且提出難易度各異的問題。同時觀察各個受試者面對其他受試者的意見時，會模仿或者追隨到多少程度。也就是說，這個實驗是嘗試將社會性學習程度以問題難易度（論文中稱為 task uncertainty 或 challenging task）與集團大小化為參數來說明。

結果就是人在遇到越困難的問題時，越容易有模仿他人想法的傾向，而這個傾向在集團越大的時候也越強烈；另一方面，若問題比較簡單，那麼每個人很容易表達自己的意見，結果就比較容易發揮集體智慧，而這種情況在小集團當中也是一樣的。

換句話說，集團的規模越大，若面臨不確實且挑戰性較高的問題，那麼就很容易陷入集團愚蠢。

「三個臭皮匠勝過一個諸葛亮」的三個臭皮匠，原先大家都認為只是用來代指多數，但看來可能真的只有三個人會比較好。如果是三十人或三百人，那麼在問題越困難的情況下，反而越不可能贏過諸葛亮。

更何況日本人從以前就是「周遭的人跳下去的話自己也會跳」的個性，如今社會課題是越來越困難，日本也就更有可能往「集團愚蠢」的方向衝。

有權利對年輕人有所期待嗎

本章也差不多要結束了。

我經常認為沒有讓學生知道確切的年收入，就要他們決定在哪間公司任職的日本社會實在過於異常。

不管看哪個錄用應屆生的網站都差不多，大學畢業的第一份薪水大約是日幣二十至二十二萬左右，不管是哪個業種、何等規模，就連公務員都一樣。會公開的資訊除了薪水本身以外，大概就是會有幾個月的年終獎金、有沒有補助等等。結果就變成還在求職的人也就罷了，就連已經預定被錄用的人都不曉得自己第一年大概會拿到多少錢（更嚴重的是這件事情掩蓋了未來的年收入差距）。

各位是否曾經聽過「War for talent」這句話呢？意思是這個世界已經開始了「搶奪優秀且才華洋溢的年輕人」的戰爭。

要獲得充滿工作意願及創造性的年輕人才這種競爭，在日本國內也有。有求職星探去接洽學生，甚至還有像是單線釣魚那種指名約談工作的情況，已經充斥於日常生活中。

各界為了吸引優秀的年輕人前來，著手採取各種方案，但是他們的努力幾乎都化為水中泡影，某個意義上來說也是理所當然。大學畢業年收入日幣三百五十萬元，在先進國家當中的名次從後面數還比較快。這種情況下，怎麼可能會有那種想要自我表現、率先做大家討厭的工作、也能夠顧及大叔們心情的年輕人啊。

我能理解大家指望年輕人，但要有這種期待，必須是能夠支付相對應的代價、確定將來會有高報酬的情況。除此之外的期待，完全就只是壓力與壓榨。

我很想問問所有對年輕人有所期待的人，如果你是年輕人，你會回應這種大人的「期待」嗎？就算有某個人以他自己為中心在期待著，你的心情會隨著那個人轉動嗎？

讓你承擔風險，而他自己以支援者的身分處在舒適的環境中，你如果發現這種人，會怎麼想呢？

如果你只是把那種連自己都不會想做的事情交給年輕人的話，他們沒有反應也是理所當然，年輕人不過是想保護自己而已。

年輕人只尊重「現任選手」

就我所知，年輕人只會尊敬「現任選手」。

大人們大多深信自己過去建立起的成績造就了自己，所以（尤其是在年輕人面前）就會很想展現出來。

但當今的時代，年輕人每天都聽著某個人談論自己過往的成就，因此反應流於表面也是理所當然。

比起那種事情，他們對於你今天做什麼、明天又有何打算比較有興趣。對他們來說，這些才能決定一個人的評價，並非依靠過去的成就。

如同本章中談論的，年輕人不喜歡變化，避免挑戰、防守這種一面倒的保守取向，是因為培育年輕人的日本社會本就如此。

年輕人無法將挑戰和變化連動到成長，覺得挑戰也得不到東西，是因為大人一直都讓他們看到這種情況。

自己做不到、也不打算做的事情，推給年輕人的話就只是壓榨而已。

因此本書要提出一個建議。

身為大人的你應該這麼做，你應該要先去挑戰。

你必須堂堂正正展現出你挑戰、失敗，然後復活的樣子。

那時候如果你的身邊有年輕人，那你就這樣跟他說，這是目前我所想出最能夠撼動年輕人心靈的句子：

「我想再試一次，這次我一定要成功，所以這次你能幫我嗎？」

Chapter

10

給好孩子症候群患者的年輕人們

改變環境、改變自己

一個專題學生的轉機

非常令人感謝的是，我的專題課程學生大多很開朗。以前我曾經問過其中一位：「國高中時期是什麼樣的感覺呢？當初和現在一樣過得很快樂嗎？」結果他給了我個意外的答案：「基本上來說就是乖乖的，總是和某幾個朋友在一起。」

小時候基本上對於各種事情都相當積極，上課的時候也都是會舉手的孩子。似乎是從小學四年級左右開始變得相當安靜，有一次他親眼看到自己的朋友們被人家說閒話，後來就覺得其他人看自己的眼光非常可怕，從那時候他開始覺得「做了奇怪的事情而使周遭之人對自己的印象改變」這件事情非常可怕。

這種感覺在上國中的時候進入顛峰期。

當事人現在於專題課程中負責擔任企劃組長，會積極邀請學弟妹、也會自己向所有人搭話，專題研究的外宿活動全部都會參加。

重新開始變得活潑據說是在大學二年級確定專題課程的時候，進入專題小組後因為周遭環境改變，所以他自己的感覺似乎也自然而然改變了。

其實我周遭這種學生並不少，應該說每年都會有幾個。

順帶一提這種「接受一切並加以認同」的組織或氛圍（這個情況下就是專題小組），在經營學當中被稱為「共融文化」，相當受到矚目。

我在撰寫本書的時候，基本上將客群設定為三十歲以上的社會人士和有管理經驗的階層，尤其是前一章的內容，不過本章我想針對年輕人來寫。

工作沒有「普通」這回事

不管是要像這位專題研究生一樣開朗積極生活，或者相反地不起眼、不引起騷動，盡可能低調、安靜過活，完全都是個人自由，這件事情本身並沒有好或壞。

我也打從心底認為，你選擇適合自己的就好。如果你選擇平靜度日，而且能因此獲得安穩生活的話，那樣也是很棒的，我是真心這麼覺得。

但若你是高中生或大學生，又或者才剛過二十歲沒多久，我希望你能好好想想是否真的那樣選擇就好，一次就好。

如果你選擇低調過活的話，在你接下來的人生中明明應該是你自己的事情，但由你自己做決定、由你自己選擇的情況將會變得非常的少。

「不不，我就是希望那樣，那才叫穩定啊。」

或許你會這樣說。

但是無法自行決定自己的人生，就表示有其他人幫你決定你的人生，而那個人並不一定是充滿良心智慧、內心溫柔、值得尊敬的人類。不，就算是相當有良心智慧的人，也不一定永遠都能察覺你內心的期望，大多數情況都會完全相反。

單純一點來計算，社會人士的二十四小時中，工作占了三分之一、私人時間三分之一、睡眠三分之一。若每個人的睡眠都是均等的，那麼平日的一半（工作時間）會有某個人來決定你要怎麼過。

我再重複一次，你真的覺得這是穩定嗎？只要得到穩定的三分之一，剩下的三分之二就能隨心所欲，嗯，感覺很好。

「那果然還是要在大企業做行政工作吧？不適合當業務，跟少數人說話我不討厭，但要向別人提議事情我真的沒辦法。我想有一天還是要回老家的，這樣應該還是公務員比較好？爸媽好像也希望我這麼做。」

你把這種狀態叫作「普通」，說著「我一點都不希望有什麼特別的，每天能夠平穩度日就好了。我覺得普通就很好，真的沒有什麼欲望」的那個「普通」。

別開玩笑了。

你給我從夢中醒來吧。

你所說的「平穩」和「普通」是現在日本能得到的最高級待遇。

如果你周遭有得到這種待遇（或看起來有）的人生前輩，那要不是有中大樂透的好運，否則就是以前花費相當大的努力和辛苦才得到的。

當然，我想那個人應該沒有中大樂透。

而你也不會中大樂透。

我再說一次，你給我醒醒。

工作中沒有什麼「普通」的時間，每個小時都會發生各種事情，各式各樣的事情會逐漸侵蝕你的心靈。

即便如此，你的心靈還是能維持穩定嗎？

假設無法維持穩定而變得不安穩，那麼就會開始侵蝕到原先應該與他人相等的睡眠時間和週末。

而這些侵蝕你的東西當中，也包含了你自己的後悔。為什麼會變成這樣呢？根本無法再次回頭啊，這種後悔會非常深刻。所以我希望你現在就好好想想。

氣氛與從眾壓力的源頭

以下介紹一封寫給我個人的信件。

初次聯繫您好，我是一個三十多歲的社會人士。

我在學生時代曾經負責經營社團，而當時曾多次進行社團經營的相關討論。其中有同學並非提出自己真心的意見，而是故意採取和多數派反對的立場，試圖加深討論內容。每當他這麼做，就會有種「和氣又被破壞了」的氣氛。而在學弟妹之間，也認為破壞和氣狀況的發言就是「失敗」，所以相當害怕那種情況。

我認為日本人的個性上，有過於在意失敗之人的傾向，「不想要像那個人一樣」又或者是「那個人好像在〇〇方面失敗囉」之類的。

日本的挑戰精神無法提升的理由，我想也與日本特有的重視「和氣」情況、討厭想法脫離那種氛圍的人、同時有一定數量的人會試著扯那種人後腿有關係。

我想一定也有很多人有這種感覺，這封信件的背景雖然是大學社團，但我想應該很多場合都會出現這種情況吧。

重點是文中出現的「氣氛」和「和氣」這些詞彙，以及這些感覺是從哪裡散發出來的呢？

從眾發生的瞬間有幾種情況。如果沒有人提出與當下流程相異的某種發言的話，那個瞬間就不會出現；應該是在那之後，針對特定某個人的發言產生的反應，覺得有點好笑、又或者是認同？但那瞬間也還不是從眾效應發生的時刻，大家要注意的是再下一個瞬間，會出現許多個與最初笑出來或者最初點頭者同步的人，這就是從眾壓力發生的時刻。

從眾壓力萌生的時期，遠比大家想像的還要早。主要是小學低學年升上高學年的時候，也就是大家開始不在上課時間舉手的時候。就在這個時間點，他們的世界改變了。

而且非常快速的，好孩子症候群的年輕人們越來越多。

話題拉回剛才的信件吧。

「又在講奇怪的事情」，或許是社團當中有人稍微釋放出這種氣氛，寫信給我的人認為與那種氛圍同調的人有一定的數量。

但我認為並非如此，讓好孩子症候群數量增加的氣氛蔓延開來的，正是身為年輕人的你本人。

這件事情非常重要，所以我再說一次。人總是認為影響氣氛的源頭在自己以外之處，但其實來自你自己。

就像這樣，確實有人因為某個人的發言而笑出來，但你能堅定地說自己沒有接著延續那個笑聲嗎？輕微的笑聲連鎖，就能夠一輩子支配遭到嘲笑之人的人生，若是有年齡差距就更是如此。

努力的年輕人、有夢想的年輕人、願意自我表現的年輕人，他們的個性在本質上就否定大人社會或大人依賴的系統，而且必然如此。因此大人會下意識想要修正他們，試圖馴服他們。

重點就是，再怎麼樣那都是「下意識的」，表面上應該還是會支持那些努力的年輕人。但是對於那個大人來說，總覺得不太是滋味，然而那個人並不會好好面對自己內心的異樣感，因為其實他打從心底明白理由：眼前這個年輕人，用著和自己不同的方法、尋求與自己不同的結果，自己並不是直接被什麼否定了，但很明顯地對方與自己的思考方式並不相同、也不打算採取自己的做法，甚至不打算感恩收下自己提議的東西。

人類是感情的奴隸，這些微小的芥蒂就會轉換成用理論武裝的樣貌，試圖矯正年輕人。

年輕人看到大人那種樣子才應該要笑出來，結果年輕人之間反而互相給予壓力是怎麼回事啊。

現在開始並不遲，我希望大家都要記得，至少你自己不要成為那個壓力氣氛的加強器。

一切都是主觀

二〇二一年的黃金週[22]，我正好看到（重播的）ＮＨＫ節目「對談　與奔馳在當下的你」，現在想告訴大家演員橋本愛說了讓人印象非常深刻的話。

節目內容是請橋本小姐幫助隸屬排球社的國中女生一起解決煩惱，而煩惱大概是這樣的：

女孩在社團活動中無法出聲。排球不管在練習或者比賽的時候，大聲喊出來是非常重要的，明明很清楚這一點，卻怎樣就是辦不到。太過在意他人目光，與其說是害羞，更像是沒自信。要是發出奇怪聲音怎麼辦？要是喊錯了時機怎麼辦？想著想著身體就僵住了。

原來如此，完全就是本書的主題呢（感覺被ＮＨＫ超前了）。

針對這個煩惱，橋本小姐是這樣回答的：

我自己也是從國中的時候開始當演員，所以非常了解這種情況。尤其我的工作就是要被人觀看，內心真是萬分恐懼。但那其實只是自己內心的妄想而已，根本就沒有人會那樣想；就算他們真的那麼想，也對自己毫無影響。

所以就試著自己把負面的妄想換成正向思考，比方說：

「那孩子很愛表現，吵死了～」→「那孩子總是很努力，超帥氣的！」

這樣的感覺。

說真的，這完全就是我想告訴大家的事情（也被橋本愛超前了）。

也就是說結果還是主觀的問題，一切都只是發生在你心中的事情。

22 日本四月底至五月初，由多個節日組成的連續假期。

我也不是不能明白大家內心負面妄想一直膨脹的心情，但將那種很容易妄想的能量轉換為正向思考，還是有可能做到的。

那麼，你能做到嗎？

「雖然明白道理何在，但知道和能做到又不一樣，實際上的心情就是沒辦法每次都好好反應啊。」

或許你會這麼想。這種感覺我也相當明白，畢竟要改變心情並非那樣簡單。正是因為不簡單，所以才會成為社會課題，然後本書就會大賣（正向妄想我可不會輸人）。

但實際上心情的問題正是行動的問題，只要改變行動，心情也會跟著變化，尤其是好孩子症候群的年輕人們特別容易符合這種情況。

在NHK的節目當中，前半也是以心情部分做為主題，後半則是橋本小姐和那位國中生一起慢慢做些行動；最後則是面對大海，試著發出大大的聲音這樣的流程（這個畫面有放在NHK的節目網站上）。

我當然不能就這樣被NHK和橋本愛超前，本書也進入終章了，所以接下來我們就漸漸專注於你的行動吧。

你爲何而念書？

如果你是高中生或大學生，那麼你是為何而念書的呢？是想考上志願學校？為了拿到學分？為了考到證照？為了符合老師和爸媽的期待？

能夠將這些事情簡單分類的是學習動機之雙重要素模組。

東京大學的市川伸一針對高中生進行詳細研究的結果，於《現代心理學入門3：學習與教育的心理學》（岩波書店，一九九五年出版）一書中，將學習動機分為六個種類。請參照以下的解說和圖表10－1，來思考自己的學習動機屬於哪類。

①充實取向：「學習新事物很開心」、「了解事情非常有趣」這類根源於求知好奇心、理解欲、向上心的內發性動機。

②關係取向：「大家都這麼做」的從眾類型動機。如果回答的是「因為喜歡老師」這類以人際關係為動機的情況也包含在此類。

③訓練取向：「可以訓練頭腦」、「為了學習如何學習」這類透過學習來間接加強知性能力的動機。

10-1｜學習動機六分類

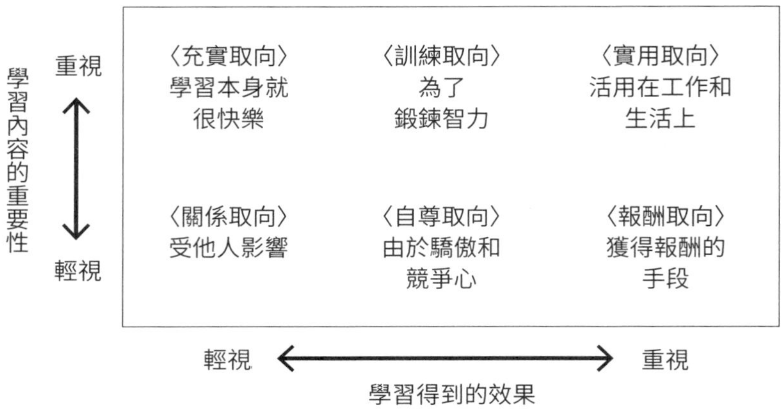

◆ 引用自：市川伸一《現代心理學入門 3：學習與教育的心理學》（岩波書店，1995 年出版）。

④自尊取向：「不想輸給別人」、「想要比別人優秀」這類與競爭心、自尊心相關的動機。這和②一樣是與他人相關的動機，但與從眾或親和性動機不同，帶有想展示自己優越性的心情。

⑤實用取向：「為了得到生活上需要的知識」、「為了活用在將來的工作上」這類考量到實用性的動機。這和⑥有點相似，不過主要差異是在於這個分類相信知識與技能本身具備的效果。

⑥報酬取向：「能獲得讚美」、「會被誇獎」、「不做會被罵」這類代表的報酬或懲罰等外發性動機。也包含「為了取得學分」、「為了學歷和出人頭地」。

為了容易區分閱讀，而特地用X、Y軸來整理實在是非常棒。X軸是學習得到的效果——也就是表現出學習以後的結果，可以期待獲得何種程度的報酬，越往模組右邊就表示期待越大。Y軸則表示學習內容的重要性，這裡則是上方的三個項目（充實取向、訓練取向、實用取向）有著較為重視學習內容本身的傾向。

我再問一次，你的哪種取向比較強烈？周遭的人、家人和朋友又是如何？

另外這六個種類單純是分類學習動機的要素，並不一定會完全符合當中一項，幾乎大部分的人都重複具備其中的要素，所以比較恰當的判斷方式是看哪項的程度最為強烈。

以我來說，大約是實用取向、充實取向、自尊取向三種心理對我產生強烈作用。若只有充實取向的話，那麼每天都會快樂到不行，但因為工作上我需要的知識量一定會相當龐大，身為研究者又處於激烈的競爭當中，所以加上實用取向和自尊取向也是無可奈何的事情。

日本的年輕人大多數都會回答關係取向吧。

而接下來比較接近我的請求，可以的話，希望各位年輕人都能夠找到關係取向或報酬取向以外的學習動機，剩下的五個哪個都好。

具備「目的」的學習能強化自己

為什麼我會這樣拜託大家呢？是因為學習如果有目的，就能夠讓自己確實變強。

這並不是因為我自己屬於學者、或說是老師，所以才這樣說。我根本就不覺得所有人都要去大學，也不會強迫大家一直念書。我想大家很容易有這樣的誤會，不過其實大學老師通常沒有能讓學生想要念書的獎勵，所以想做的學生去做就好了。但若是因為「周遭的人在做，所以自己好像也應該要做」，這樣只是單純妨礙那些認真做這些事情的人。

我認為對於日本人來說，學習比較接近是一種義務。

有人說「念書就是小孩子的工作」，但這實在是一種錯誤認知。然而日本孩子們的學習環境確實就如同他們是在工作一樣，最具象徵性的就是名為「作業」的「勞動額度」。這個「念書＝工作」的概念，就算長大成人之後還是無法消除，就成了問題。

無論自我肯定感有多麼薄弱、內向、缺乏能力感，在討論事情或者會議中都乖乖坐在角落的人，只有在學習方面，至少應該要由你自己決定。就算其他的事情依循氣氛、隨著從眾壓力的大浪逐流，但「為了什麼學習、要學習些什麼」，這件事情還請務必不要退讓。

理由我再重複一次，因為學習若有目的，能夠讓自己變強。

如果你是這本書中描繪的典型好孩子症候群患者，那麼很可能一直以來都把念書當成工作、沒有自己決定學習項目的可能性相當高。

目的是什麼都好，首先隨便假設一個學習目的，然後去書店或圖書館，以散步的心情看著書背上的標題。或者更簡單點，就從你忽然覺得有點在意的關鍵字開始搜尋。

要找人商量也沒關係，不過不建議太過嚴肅，要詢問建議就輕鬆點。尤其是在跟父母或者老師這類長輩商談的時候，很容易被他們當成重大事件、搞得很複雜；而且說到底，關於學習目的與方向，每個人本來就會有自己的偏見。

原則上學習是為了自己，應該要任性點去做。

「沒有學到的東西就無法教別人。」

「無所求則無所得。」

我想這些都是不變的真理。好孩子症候群的年輕人們總想著要讓別人給予自己東西，但卻說自己什麼都沒有。

那就表示在你們心中認為別人教你的、給你的，都不是你自己的東西。在課程或者演練當中無論學到多麼重要的東西，只要是別人給你的，說起來其實都不是自己的東西，拿到學分以後就都忘掉了。所以求職時的自我介紹只能說說打工和社團的經驗，可是只有這些東西感覺很不安心，只好到網路上找答案。

一直重複這種事情的話，自我肯定感一輩子都不會提升。

給那些煩惱著沒有特別想做之事的人

如果你已經超過二十歲，我想你真正喜愛的事情應該不會改變。人類本質上的喜好在成人以後就不會產生變化，現在如果有覺得「我果然喜歡這個」或者「這個適合我」的東西，想來今後也不會有所改變。

既然如此，就算把這種心情掩埋起來，往後也只會感到痛苦。想著「只要壓抑這個心情，它終究會消失的吧？」根本就是白費工夫。

這樣的話，只能現在就好好面對。

「不不，等等，那麼那些根本找不到什麼想做的事情的人，又該如何是好呢？」

似乎全日本都能聽到這個聲音。

確實。

所以我們就一起來想想，為什麼找不到想做的事的問題吧。

我認為問題的原因大致上區分為三種。

第一種可能性，將想做的事自行認定為「社會上一般會提出的選項」而受到限制。例如開發人員、業務、服務業、醫療人員之類的。

如果詢問大學三年級學生「畢業之後想做什麼？」他們會這樣回答：

爸媽說當公務員應該不錯吧，不過我自己覺得民間企業也沒有什麼不好，但我又不是當業務的料……企劃類感覺很開心，但若問我是不是很想當企劃，也不是那麼肯定。

各位年輕人，讀了這段後你有沒有心中一驚？

這個超常聽見的回答中出現的選項——公務員、民間企業、業務、企劃這些工作，大多是當事人以極為稀少的知識來做的判斷。也就是說完全沒有調查、也不曾體驗過，就只是列出社會上一般會提到的那些選項，其實心裡根本沒個底、只是隨口說說。

這樣會沒興趣也是理所當然吧。

這種時候最好將視野放寬一點，首先試著行動吧，然後將行動結果記錄下來，再試著自己去評估。可以的話就用排行榜的形式，這樣一來工作這種東西的模樣就會逐漸變得清晰。

如果在排行榜裡找到共通點，那就是前進了一步的證據。

如果在排行榜中沒有找到共通點，那麼你有很大的可能性是陷入接下來兩種陷阱之一（又或兩者兼有）。

找不到想做什麼的原因，第一項就是對想做的**事情**沒有興趣。這到底是什麼意思呢？簡單來說不是所有人都對**事情本身**有一定的興趣。

我認為人類在決定人生方向的時候，考慮的要點其實只有三個：①事、②人、③地。這三項的比重因人而異，而達到平衡時就是最終的優先順序。

對於**事情本身**沒有興趣的人，就是②或③的比重較高，「想和這類**人**一起工作」、「想在這個**地方**做些什麼」這種感覺，用人或者場所做為思考未來的角度，也完全沒有問題。

這時候該注意的事項只有一點，以我的經驗上來說，尤其是最近的學生重視「②人」的比例特別高。這件事情企業的人事部也相當清楚，因此人事部負責面試、錄用應屆畢業生的人，通常都是在整間公司裡面給人印象最好的那幾個人。

雖然事實如此，但學生還是會因為只接觸了幾個人事部的員工，就忍不住覺得：「這間公司的人都感覺好好！」

如果身為學生的你覺得自己心中「②人」的比重可能比較高，在求職時若覺得這間公司好像不錯，請你務必要拜託人事負責人幫你找個機會讓你和至少一個以上（人事部以外的）員工說話的機會。我知道這非常耗費你的精力，但還是拜託你加油。如果那間公司對於你的要求覺得相當為難的話，那你最好不要去那間公司。

好啦，找不到想做什麼的問題，最後的第三個原因就是可能真的沒有想做的事情。沒有想做的事情、也沒有特別有興趣的人或場所，真的是完全沒有想做的事情。

但你也不用擔心，你並非特別懶散。

單純是不太適合「**尋找**想做什麼」這個行為而已，通常你這類人需要的東西都近在身邊，只要活著就能夠自然去愛身邊的事情、物品、人物、場所、時間等，只是你自己沒發現。只要相信那些與自己相遇的緣分，集中在眼前的事物就好。這種類型的人特別容易在他原本所在的場所開花結果，大多數都是在不知不覺積極努力持續一段時間後而不自知。

不過也別忘了有時要停下腳步，向能夠信賴的人商量自己的狀況，畢竟你還是有可能變得盲目。這是相當重要的事情，絕對不要忘記。

不知不覺改變行動的兩個方法

前面我有提到，改變行動的話，心情也會跟著轉變。

「雖然我有那個心，但卻不知道該如何是好」，又或者是「非常躊躇不知該如何踏出行動的第一步」的人，以下就教你兩個方法，不管你還是學生或是已經進入社會都能夠使用。

一個是「鍛鍊發問力」，另一個則是「改變寫筆記的方法」。

首先是「鍛鍊發問力」。

對於好孩子症候群的年輕人們來說，要在人前發問實在是非常困難，壓力等級大概至少是五十吧，總之難度真的非常高。就算不是好孩子症候群，要在人前發問也是相當令人緊張的事情。如果在大教室裡上課時有學生發問，我就會忍不住想，那個人肯定有著地球以外生命體等級的強悍心靈。

所以「鍛鍊發問力」相當有價值，這樣能夠帶來微小的自信，最終拉出和其他人之間的差異。明天起還請務必珍惜問問題的時間，以最強的集中力去面對。

話雖如此，一開始並不需要勉強自己發問。我想你應該很討厭聽到老師或者司儀說「有什麼問題嗎」的那一瞬間吧，甚至覺得有些緊張。你的身體搞不好還會縮小到剩下三分之二，大腦送出訊號要你絕對不可以抬起視線。

那麼這樣該如何是好呢？那個瞬間，我希望你想想，若是你發問的話要問什麼問題。再往前一個步驟，你只要盯著發問的人看，也算是ＯＫ了。會在課堂上發問的人大概就是那幾個，周遭的人應該也都預料到那個人會發問，而且肯定是能夠捕捉到本質的問題。

一開始就想以那個等級來對話應該太勉強。

所以不需要那樣，我希望你觀察的是那個人最一開始提出的問題。為什麼會有那樣的問題？對於沒有想太多就去上課或者開會的你來說一定相當不可思議，可能會覺得對方好厲害喔、是個善於自我表現的人呢，之類的。

但「想到問題」這個行為，和自我表現沒有半點關係。

就算你是個陰沉傢伙、有著穩定的保守取向、興趣是遊戲這種室內派，在「想到問題」這方面也不會輸給那些自我表現意願高的人。

發問並不是要你表述自己的意見，真的單純只是問個問題就好。「○○的部分有點困難，請再多說一點」或者「那個就是○○沒錯嗎？」之類的就夠了。

對方回答以後，只要說「謝謝」就好。

發問的時機，可以是在老師、部長或者司儀等人說「還有沒有其他問題」之後，也就是已經有人問過問題以後。

接著在問完以後，請你確認一下自己的情緒。

如果非常緊張，那就是你的心靈在成長的證據。

如果沒有任何感覺，那麼你就有發問的素質。

如果有些許「參與感」或者「成為成員的歸屬感」的話，那麼你下次也這麼做，然後確認這種心情是否為真。

改變寫筆記的方法

即便如此，無論如何還是無法鍛鍊發問力的人，我就教你個大絕招吧。

那就是改變寫筆記的方法。

上課或者開會時，也就是在聆聽某人說話的時候，你會寫筆記嗎？如果你是不寫筆記的類型，今後還請務必做簡單的筆記。

如果你已經有寫筆記的習慣，那麼我希望你回想一下自己平常是如何做筆記的。我想應該幾乎都是留下「沒有寫在原有資料上的資訊」吧？只要說話者說了「我補充一下」或者「雖然資料上沒有」之類的，人很自然就會試圖寫下之後聽到的資訊，畢竟我們日本人從小就接受了這樣的訓練。

當然這樣也很好，不過我希望你加上一些東西，要留意的是寫下自己腦袋中浮現的東西。一開始先將資料上很在意的部分圈起來，也可以在旁邊打個問號等等。

然後寫下「這個是什麼意思？」或者「具體來說？」之類的句子。

教科書、講義或者會議用資料，如果充滿了疑問句或者問號，那麼在聆聽話語的同時，就會比較重視自己的想法，同時「發問」這件事應該也會變得簡單得嚇人。畢竟當對方說「有沒有問題」的時候，你已經把問題寫在筆記上了。

需要筆記下來的並非說話者講述的內容，而是閃過自己腦袋的東西。只要做這些動作，效果就很好。各位大學生還請活用在課堂上，並且實踐在求職活動中，應該多少能提高預定錄用的機率。

你會有所成長

如果以上事項你都能辦到了，那麼我再追加一個希望你多加留心的事情，那就是「比平常要快一些動起來」。或許這讓人有種「提前計畫」而略為沉重的感覺，但在我的概念裡比較接近「總之先動手」。閱讀本書的人應該都曾經有被提交日期或最後期限追著跑的經驗吧？這種時候再怎麼樣都會集中在「做完它」這件事情上，完全就是有一步做一步。這種行為重複幾百次也無法讓自己成長，無法變強。

如果比平常早一步行動，就能夠得到可以冷靜回看自己的時間，同時我希望你在此真實感受到自己的進化。

本書也差不多要到終點了，雖然有點害羞，不過我還是介紹一下自己很喜歡的一個故事。

我很喜歡散步，常常走在陌生的土地上，有時候覺得今天怎麼會這麼累呢……回頭一看才發現其實那條路是幅度不大的坡道，沒想到我已經爬到了很高的地方，令我嚇了一跳。

會覺得很艱辛，正是因為已經爬到那麼高；心靈也是一樣，會感覺那麼辛苦就表示你成長了很多。

人類很容易感覺到疲勞或辛苦，卻不容易感受到自己的成長，不知為何這種情況在年輕的時候特別嚴重。

所以請積極感受自己的成長。

一天做十次仰臥起坐就能輕鬆練出腹肌。

心靈也是一樣的，大腦鍛鍊起來甚至更加輕鬆。

還請務必刻意去感受自己的成長，不要和其他人比較，而是和自己比較。然後享受成長的感覺，特別是在你還年輕的時候——但不是只有年輕的時候，而是永遠。

謝辭

該如何寫謝辭，我一直迷惘到最後一刻。

感謝的事情多如山高，但我實在是不太會說話。當寫成文字時，感受又忽然全部溢出來。

因此我想向那些與我感謝之心相關的所有人（就算很花時間）直接表達我的心情。

現在問我最感謝什麼的話，那就是身為讀者的你了，正確來說是你讀著本書並且思考些什麼的時間、還有你思考的事情本身。

我正是為了送上那一瞬間，才寫了本書，這件事情我非常確定。

你的想法累積起來，能夠讓現在的社會慢慢變好，雖然這是不太合邏輯的妄想，但我還挺認真相信的。

如果可以的話，還請務必告訴我你思考的內容，不過我還沒這麼任性。

如果你能將自己的想法告訴其他人，那就是我最高興的事情了，不過這也是頗為奢侈。

撰寫書籍的行為就如同沒有盡頭的旅程，在抵達終點的瞬間肯定是充滿成就感的。

我原先如此想像而踏出旅途，沒想到抵達終點卻毫無成就感，因為在路上面臨了太多嶄新的課題。

雖然我覺得相當受挫，但還是肯定地告訴我的專題學生「問題最大的解決方案就是自我成長」。我也知道自己還會繼續往前進，希望明天能夠持續地思考並行動。

二〇二二年二月

金間 大介

作者研究成果清單

(節錄主要項目)

國家圖書館出版品預行編目資料

請不要在大家面前稱讚我：不是不上進，而是太早學會大人的消極，新世代的「好孩子症候群」／金間大介 作；黃詩婷譯. -- 初版. -- 臺北市：平安文化有限公司，2024. 04
272面；21×14.8公分. --（平安叢書；第791種）(Upward ; 153)
譯自：先生、どうか皆の前でほめないで下さい：いい子症候群の若者たち
ISBN 978-626-7397-28-2(平裝)

177.2　　113002572

平安叢書第0791種
UPWARD 153

請不要在大家面前稱讚我

不是不上進，而是太早學會大人的消極，新世代的「好孩子症候群」

先生、どうか皆の前でほめないで下さい：いい子症候群の若者たち

作　者—金間大介
譯　者—黃詩婷
發 行 人—平　雲
出版發行—平安文化有限公司
臺北市敦化北路120巷50號
電話◎02-27168888
郵撥帳號◎18420815號
皇冠出版社(香港)有限公司
香港銅鑼灣道180號百樂商業中心
19字樓1903室
電話◎2529-1778　傳真◎2527-0904
總 編 輯—許婷婷
執行主編—平　靜
責任編輯—陳又瑄
美術設計—鄭婷之、李偉涵
行銷企劃—蕭采芹
著作完成日期—2022年
初版一刷日期—2024年04月

法律顧問—王惠光律師

讀者服務傳真專線◎02-27150507
電腦編號◎425153
ISBN◎978-626-7397-28-2
Printed in Taiwan
本書定價◎新臺幣360元/港幣120元